U0556172

中国古代姓氏

乔志霞　编著

中国商业出版社

图书在版编目（CIP）数据

中国古代姓氏／乔志霞编著．-- 北京：中国商业出版社，2015.5

ISBN 978-7-5044-8572-4

Ⅰ．①中… Ⅱ．①乔… Ⅲ．①姓氏-研究-中国-古代 Ⅳ．①K810.2

中国版本图书馆 CIP 数据核字（2015）第 116895 号

责任编辑：刘洪涛

中国商业出版社出版发行
010-63180647 www.c-cbook.com
（100053 北京广安门内报国寺 1 号）
新华书店总店北京发行所经销
北京飞达印刷有限责任公司
*
710×1000 毫米 16 开 12.5 印张 200 千字
2015 年 8 月第 1 版 2015 年 8 月第 1 次印刷
定价：25.00 元
* * * *
（如有印装质量问题可更换）

《中国传统民俗文化》编委

序　言

中国是举世闻名的文明古国，在漫长的历史发展过程中，勤劳智慧的中国人，创造了丰富多彩、绚丽多姿的文化，可以说人创造了文化，文化创造了人，这些经过锤炼和沉淀的古代传统文化，凝聚着华夏各族人民的性格、精神、智慧，是中华民族相互认同的标志和纽带。在人类文化的百花园中摇曳生姿，展现着自己独特的风采，对人类文化的多样性发展做出了巨大贡献。中国传统民俗文化内容广博，风格独特，深深地吸引着世界人民的眼光。

正因如此，我们必须深入学习贯彻十八届三中全会精神，按照中央的规定，加强文化建设。2006 年 5 月，时任浙江省委书记的习近平同志就已提出："文化通过传承为社会进步发挥基础作用，文化会促进或制约经济乃至整个社会的发展。"又说："文化的力量最终可以转化为物质的力量，文化的软实力最终可以转化为经济的硬实力"（《浙江文化研究工程成果文库总序》）。今年他去山东考察时，又再次强调：中华民族伟大复兴，需要以中华文化发展繁荣为条件。

学习习近平同志的重要讲话，确可体会到，在政治、经济、军事、社会和自然要素之中，文化是协调各个要素协同发展、相关耦合的关健。正因为此，我们应该对华夏民族文化进行广阔、全面的检视。我们应该唤醒我们民族的集体记忆，复兴我们民族的伟大精神，发展和繁荣中华民族的优秀文化，为我们民族在强国之路上阔步前行创设先决条件。

实现民族文化的复兴，更必须传承中华文化的优秀传统。现代中国人，特别是年轻人，对传统文化十分感兴趣，蕴含感情。但当下也有人对具体典籍、历史事实不甚了解，比如说，中国是书法大国，谈起书法，有些人或许只知道些书法大家如王羲之、柳公权等等的名字，知道《兰亭集序》是千古书法珍品，仅此而已。再比如说，我们都知道中国是闻名于世的瓷器大国，中国的瓷器令西方人叹为观止，中国也因此而获得了“瓷器之国”（英语 china 的另一义即为瓷器）的美誉。然而关于瓷器的由来、形制的演变、纹饰的演化、烧制等等瓷器文化的内涵，就知之甚少了。中国还是武术大国，然而国人的武术知识，或许更多地来源于一部部精彩的武侠影视作品，对于真正的武术文化，我们也难以窥其堂奥了。我们还是崇尚玉文化的国度，我们的祖先，发现了这种“温润而有光泽的美石”，并赋予了这种冰冷的自然物以鲜活的生命力和文化性格，例如“君子当温润如玉”、女子应“冰清玉洁”、“守身如玉”；“玉有五德”，即“仁”、“义”、“智”、“勇”、“洁”，等等。今天，熟悉这些玉文化的内涵的国人，也为数不多了。

也许正有鉴于此，有忧于此，近年来，已有不少有志之士，开始了复兴中国传统文化的努力，读经热开始风靡海峡两岸，不少孩童乃至成人，开始重拾经典，在故纸旧书中品味古人的智慧，发现古文化历久弥新的魅力。电视讲坛里一波又一波对古文化的讲述，也吸引着数以万计的人们，重新审视古文化的价值。现在放在读者眼前的这套“中国传统民俗文化丛书”，也是这一努力的又一体现。我们现在确应注重研究成果的学术价值和应用价值，充分发挥其认识世界、传承文化、创新理论、咨政育人的重要作用。

中国的传统文化内容博大，体系庞杂，该如何下手，如何呈现？这套丛书处理得可谓系统性强，别具心思。编者分别按物质文化、制度文化、精神文化等方面来分门别类地进行组织编写，例如在物质文化的层面，就有中国古代纺织、中国古代酒具、中国古代农具、中国古代青铜器、中国古代钱币、中国古代石刻、中国古代木雕、中国古代建筑、中国古代砖瓦、中国古代玉器、中国古代陶器、中国古代漆器、中国古代桥梁等等。

在精神文化的层面，就有中国古代书法、中国古代绘画、中国古代音乐、中国古代艺术、中国古代篆刻、中国古代家训、中国古代戏曲、中国古代版画等等；在制度文化的层面，就有中国古代科举、中国古代官制、中国古代教育、中国古代军队、中国古代法律等等。

此外，在历史的发展长河中，中国各行各业还涌现出一大批杰出的人物，至今闪耀着夺目的光辉，启迪后人，示范来者，对此，这套丛书也给予了应有的重视，中国古代名将、中国古代名相、中国古代名帝、中国古代文人、中国古代高僧等等，就是这方面的体现。

生活在21世纪的我们，或许对古人的生活颇感好奇，他们的吃穿住用如何？他们如何过节？如何安排婚丧嫁娶？如何交通？孩子如何玩耍？等等。这些饶有兴趣的内容，这套中国传统民俗文化丛书，都有所涉猎，例如中国古代婚姻、中国古代丧葬、中国古代节日、中国古代风俗、中国古代礼仪、中国古代饮食、中国古代交通、中国古代家具、中国古代玩具、中国古代鞋帽等等，这些书籍介绍的，都是人们深感兴趣，平时却无从知晓的内容。

在经济生活的层面，这套丛书安排了中国古代农业、中国古代纺织、中国古代经济、中国古代贸易、中国古代水利、中国古代车马、中国古代赋税等等内容，足以勾勒出古人经济生活的主要内容，让今人得以窥见自己祖先曾经的经济生活情状。

在物质遗存方面，这套丛书则选择了中国古镇、中国古楼、中国古寺、中国古陵墓、中国古塔、中国古战场、中国古村落、中国古街、中国古代宫殿、中国古代城墙、中国古关等内容。相信读罢这些书，喜欢中国古代物质遗存的读者，已经能大致掌握这一领域的大多数知识了。

除了上述内容外，其实还有很多难以归类却饶有兴趣的内容，例如中国古代的乞丐这样的社会史内容，也许有助于我们深入了解这些古代社会底层民众的真实生活情状，走出武侠小说家们加诸他们身上的虚幻不实的丐帮色彩，还原他们的本来面目，加深我们对历史真实的了解。继承和发扬中华民族几千年创造的的优秀文化和民族精神是我们责无旁贷的历史责任。

不难看出，单就内容所涵盖的范围广度来说，有物质遗产，有非物质遗产，还有国粹。这套丛书无疑当得起“中国传统文化的百科全书”的美誉了。这套书还邀约了大批相关的专家、教授参与并指导了稿件的编写工作。应当指出的是，这套书在写作中，既钩稽、爬梳大量古代文化文献典籍，又参照近人与今人的研究成果，将宏观把握与微观考察相结合。在论述、阐释中，既注意重点突出，又着重于论证层次清晰，从多角度、多层面对文化现象与发展加以考察。这套丛书的出版，有助于我们走进古人的世界，了解他们的美好生活，去回望我们来时的路。学史使人明智。历史的回眸，有助于我们汲取古人的智慧，借历史的明灯，照亮未来的路，为我们中华民族的伟大崛起添砖加瓦。

是为序。

傅璇琮

2014 年 2 月 8 日

前　言

中国姓氏具有6000年悠久的历史性、祖先血缘的传承性、千家万户的普遍性、不可割断的连续性、千脉一系的系统性与万姓同根的统一性，纵贯中国历史，横跨东西南北中，在中国民族史上长青不衰。中国姓氏超越时空，跨越天涯海角，遍及五湖四海，标志着龙的子孙的生生不息，闪烁着中华文明的灿烂辉煌。

中国姓氏史，是一个大统一的中国姓氏史。中国的姓氏，是大统一的姓氏。我们的历史是统一的，我们的祖先是统一的，我们的祖国是统一的。我们不仅研究张、王、李、赵、刘的具体姓氏，更重要的是研究中国姓氏的大统一，祖先的大统一，千脉一系，万姓归宗。中国姓氏关系历史、民族、国家；关系中国各兄弟民族的大团结；关系中华民族的伟大复兴。历史的经验告诉国人，中华民族是一个伟大的民族，中华民族的大统一、历史的大统一、祖先的大统一，是我们民族的大目标，是我们国家的大目标，是我们研究姓氏的终极目的与归宿。

中国是世界上最早使用姓氏的国家，从母系氏族社会中华古姓的产生，迄今已约有一万年的历史。相比之下，大多数欧美国家的姓氏产生于中世纪时期。虽然古罗马的父系氏族社会已出现了一批较早的姓氏，但姓氏的使用并未形成固定的模式，直到9世纪初，才在意大利的各城堡中得到恢复。至于在亚洲地区，越南、朝鲜等国在10世纪左右才相继普及，相当于中国的晚唐、五代时期，而且多数是由中国传入。而日本直到19世纪明治维新时期，实行“壬申户籍法”才普遍推行姓氏制度。姓氏的古老，象征着一个国家、一个民族历史文化的悠久。中华姓氏是中华文明的重要标志，是中华民族弥足珍贵的文化宝库。

中华姓氏是传统文化中生命力最旺、凝聚力最强、感召力最大的人文情结，是认同中华传统文化的伟大基石。中华民族历来以炎黄子孙自居，把炎、黄二帝作为国人共同的人文初祖和精神偶像。无论是偏处一隅的少数民族，还是飘零异域的华裔侨胞，时时处处都流传着炎黄二帝的传说。这种以血缘、姓氏为传承纽带，对共同祖先形象的塑造，对民族渊源的追述，构成了中华文化多元一体化和连续传承性的认同基石，它是增强中华民族凝聚力、向心力的桥梁纽带，也是当今海内外炎黄子孙寻根问祖的重要依据。

时至今日，中华姓氏已经历了万年的风雨沧桑，但其世代相承的延续性，与时俱进的生命力，仍永葆青春，仍然是现实生活中人人必备、无时不用的重要标记和社交工具。

姓氏在人们的社会交往、功名事业、经济联系、典籍记载、传统习俗等各个方面有着重要作用。中国人很看重自己的姓氏。让我们溯源寻根，一览我国古代姓氏的全貌。

目录

第一章　古代姓氏的由来

第五章　姓氏交融与迁徙移民

第六章　百家大姓寻源范例

第一章

古代姓氏的由来

姓氏，是一个记载丰富历史的文化符号，又是一个非常特殊的文化现象。目前民族文化的凝聚力再次成为人们关注的热点，姓氏文化也就理所当然地吸引人们去研究、去探讨，以期找出中华民族几千年生生不息、融合团结的文化根源，探寻实现祖国统一、民族复兴的内在动力，最终实现中华优秀传统文化的传承和光大。

第一节 姓氏起源与龙文化

“龙的传人”的老祖宗

“古老的东方有一条龙，它的名字就叫中国……黑眼睛黑头发黄皮肤，永永远远是龙的传人。”这首在全世界华人中广泛传唱的歌曲，唱出了中华儿女对祖国、对中华文化的一往深情。

龙，是我们大中华屹立在世界民族之林中有别于其他民族的明显标志，是我们民族人文精神的艺术象征。所以，古往今来，中华儿女总是骄傲地以“龙的传人”自称。

寻根问祖，势必要追溯到有踪可寻的中华民族的人文始祖。太昊伏羲氏、炎帝神农氏和黄帝轩辕氏是相继创造中国上古文明的三位最具代表性的历史传说人物，伏羲和炎黄都可以称为中国的“人文始祖”，但是位居“三皇”之首的太昊伏羲氏，无疑是最古老的祖先。从传说中他结网罟、养牲畜、画八卦、造甲历、制嫁娶、正姓氏、定人伦、创礼仪、做琴瑟等“开物成务”、“肇启文明”的远古文明贡献（这在原始社会，是破天荒、划时代的贡献），足以确定他的人文始祖地位；单就他同龙的最古老、也最密切的渊源关系来讲，他也是当之无愧的“龙的传人”的老祖宗。

从史料记载来讲，太昊伏羲氏是我们已知上古社会唯一号称“龙师”并以“龙名”称谓司职其支系的部落组织的首领。《左传·昭公十七年》曾引郯子语，称“太皞氏以龙纪，故为龙师而龙名。”太皞氏即伏羲氏，风姓之祖，以龙名官。后来的《汉书·百官公卿表》、西晋皇甫谧的《帝王世纪》及唐代司马贞的《史记·补三皇本纪》等史籍文献，均有“龙师而龙名”的记载。北宋刘恕的《通鉴外纪》，则对“龙师而龙名”的记载更为详尽：太昊“号曰龙师。命朱襄为飞龙氏，造书契；昊英为潜龙氏，造甲历；大庭为居龙氏，造屋庐；浑沌为降龙氏，驱民害；阴康为土龙氏，治田畴；栗陆为

水龙氏，繁滋草本，疏导泉源。又命五官：春官为青龙氏；夏官为赤龙氏；秋官为白龙氏；冬官为黑龙氏；中官为黄龙氏。”太昊伏羲氏之后的其他部落首领，文献史料再无“龙师而龙名”的重复记录。“昔者黄帝氏以纪，故为云师而云名；炎帝氏以火纪，故以火师而火名；共工氏以水纪，故云为水师而水名。”（《左传·昭公十七年》）。流传久远的梁代周兴嗣的《千字文》，简明扼要地表述上古领袖为“龙师火帝，鸟官人黄”。尽管记述的上古社会历史并没有原始文字作为依据，但终归是距今久远的古人，根据当时的传闻记述下来的上古珍闻，虽非信史，但对我们今天研究史前文明都是不可或缺的。

从部落图腾讲，太昊伏羲氏的部落是最早以龙为图腾的。《补三皇本纪》、《帝系谱》、东汉王延寿的《鲁灵光殿赋》及诸多传说，多谓伏羲“蛇身人首”、“人头蛇身”、“伏羲鳞身”等，其实都是对太昊伏羲氏族最早的图腾形象的描述。古代世界各地以蛇为图腾的民族很多。但这里说的太昊伏羲氏的图腾，是类似蛇而又不同于蛇的名为“龙”的动物，如人首、鳞身等，蛇并不具有。上古社会没有分类学，命名和描述都不可能那么准确，何况在长期传说过程中还会走样许多。

上古知名的部落领袖人物如炎帝、黄帝、颛顼等，都有过崇拜龙的传说（这正好说明他们都是太昊伏羲氏的后裔），但作为部落标志和象征的龙图腾，只有太昊伏羲氏的部落和部落联盟才有。古人讲“龙师而龙名”，也是伏羲以龙为图腾的明证。有人说黄帝是龙图腾的首创者，并说黄帝的龙图腾是他父母有熊氏和有娇氏的熊、蛇图腾的合并物，恐怕是没有力证的推断。

从神话传说讲，只有太昊伏羲氏从出生到成就大业，都与龙瑞有关。《帝王世纪》、《补三皇本纪》以及《太平御览》、《河图稽命征》、《元和郡县志》等许多古籍，引用神话传说，都认为伏羲诞生是他母亲华胥氏“履大人迹于雷泽”而生，西晋王嘉的《拾遗记》更说“有青虹绕神母”而有孕。其实说的都是龙的诞生神话。雷泽，也就是雷公所在地，《山海经·海内东经》说“雷泽中有雷神，龙身而人头，鼓其腹，在吴西”；虹，《说文》释文为：“虹，䗖蝀也，状似虫，从虫、工声”，古有龙起源于云霓之说。

龙图腾

在三皇五帝的神话传说中，因龙天感生者多有，但从感生到成就都有龙瑞的，唯有伏羲。我们不能把这些龙瑞神话当作虚妄之谈，而应视为远古人们表达自己愿望和幻想

的一种口头艺术创作，把它当作史前社会的一种“活化石”。我们从太昊伏羲氏的龙瑞神话中，可以体味到远古人们对伏羲这位“龙师”所寄托的美好愿望。

中华民族之根——伏羲氏

清代学者张澍在其《姓氏寻源》中说：“参天之木，必有其根。怀山之水，必有其源。”世界上天地万物都有根源，寻根是人类的天性。寻根意识是当今世界的主要思潮之一，一个地区、一个民族、一个国家都存在自己的特殊问题，要想解决问题、振兴科学文化、发展经济，必须从自己民族和国家的传统文化中寻求救世安邦的良策与先进文化之根源。姓氏寻根，可以说是一种完全意义上的文化认同，是人性寻根中最基本最重要的内容。对于我们龙的传人来说，寻根归宗意识更甚于世界其他民族，这也是中华 6000 年文明伟大凝聚力的血脉之源，对于促进“民族团结，国家统一”，一直起着重要的内聚力的作用。中华万姓，追根溯源都出于太昊伏羲氏“制嫁娶，正姓氏”之人道，伏羲氏是中华民族之根。

人类经历了几十万年的洪荒时期和母系氏族社会，迄今大约 8000—6000 年之间，开始进入父系氏族社会。先祖伏羲氏正是处在由母系氏族社会过渡到父系氏族社会时期，即母系氏族和父系氏族并存的社会中。古书说“先圣仰观天文，俯察地理，图画乾坤，以定人道。民始开悟，知有父子之亲、君臣之义、夫妇之道、长幼之序。于是百官立，王道乃生”（《帝王世纪》引《新语》），这个先圣就是伏羲氏。而在伏羲氏之前，“未有三纲六纪，民人但知其母，不知其父”。原始人打来鸟兽，连毛带血就吃，吃不完就扔，打不着鸟兽就挨饿，男女无别，穴居群婚，结绳记事，极其愚昧（《绎史》引《白虎通》）。考古为这一时期提供了证据。大约在 8000 年前，先人们在淮河流域已经开始了从事原始农业、家畜饲养，以及进行渔猎和采集，同时出现了使用单个符号记事

伏羲台

和在陶器上刻画的汉字雏形。这一时期，黄河流域和长江流域的母系氏族部落也开始先后过渡到父系氏族社会。这就是古书上多次提到的伏羲氏时代。

每当我们谈到中华民族的共同祖先，人们总是会怀念炎、黄二帝，这是因为当今占中国人口九成以上的姓氏中绝大多数可以寻根追溯到炎、黄二帝。所以不管是中国大陆、港澳台，还是海外华人，均自称为“炎黄子孙”。其实还有比炎、黄两帝更早的中华民族的共同祖先，那就是被誉为“人文始祖”的伏羲氏。由于伏羲氏时代以龙命官，以龙为尊，因此，全体中国人又都自诩为“龙的传人”。对此，先秦文献中已有记述：造六书，作甲历，伏制牺牛，冶金成器，教民炮食。易九头为九牧，因尊事为礼仪，因龙出而纪官，因凤来而作乐。命降龙氏倡率万民，命水龙氏平治水土，命火龙氏炮冶器用，因居方而置城郭。天下之民号曰天皇（《绎史》引《三坟》）。汉晋时代史书把伏羲氏列为“三皇”之首，“五帝”之先。特别是唐代司马贞的《史记·三皇本纪》，确立了伏羲氏在中国文明史上的首席地位。伏羲氏时代最重要的事件是经历了从血缘婚到基本排除血缘婚的过程，最终使人类的体质和智力有了一个质的飞跃，大大促进了人类社会的进步。在中国人的进化过程中，伏羲氏是一个重要的里程碑，是人类文明的曙光，伏羲氏是中华民族文明之根。

从理论上推论，中国的姓起源于母系社会的氏族图腾或者氏族名称。但是，从中国的古文献和考古文物所揭示的资料来看，几乎没有一个姓氏是明确地由母系传递，或者由母系过渡到父系的。在文献中第一个出现的姓是“风”，“太昊帝庖牺氏（即伏羲氏），风姓也”（《帝王世纪》）。伏羲氏诞生在燧人氏时代，燧人氏为“通姓氏之后也”，“太昊伏羲有庖升龙氏，本通姓氏之后也”（《绎史》引《三坟》）。也就是说，太昊氏，即伏羲氏，也称有庖氏，因龙纪官也称升龙氏。伏羲氏族与燧人氏族均出自更原始的通姓氏时代。据《三坟》描述通姓氏时代有72姓，其一为风姓，为伏羲氏之姓，其他71姓不得而知。而带女字偏旁的姬、姜等古姓均晚于风姓，起源于炎黄时期。到目前为止，我们在文献上见到的中国人姓氏都是由父系传递的。伏羲氏是中华民族万姓之根。

中国人的文明史是世界上最悠久的文明史之一，有6000年之久。而我们中国人的姓氏也有6000年之久，这在世界上是独一无二的，没有一个国家和民族的姓氏历史有这么久远。6000年来，不管换了多少朝代，改了多少年号，中国人姓氏一直延续着，从未间断过。6000年前，中华民族的人文始祖伏羲氏最初“制嫁娶，正姓氏”之人道完全遵循了人类进化的科学性，中国人姓氏的世代传递的宗法几乎与代表父系遗传物质Y染色体的遗传规律一致，是

历经千万年而不变的自然法则。在世代相传中，人类23对染色体中，X染色体和其他22对染色体在每次的遗传中，一半来自母亲，另一半来自父亲，只有Y染色体在遗传中没有变化，永远来自父亲。这就是姓氏传递过程中的“Y染色体法则”。20世纪初，孟德尔从豌豆中发现的遗传学震惊了全世界，殊不知远在6000年前的东方古文明就已经以姓氏文化为载体将遗传学的真谛阐述给了世人。

凡遵循自然进化法则的行为和形式，必将被赋予强大的生命力，中华姓氏就是属于这种具有无限生命力和科学内涵的先进文化。伏羲氏既有开天明道之功，又有肇启文明之能，是当之无愧的中华民族之根。

伏羲、女娲的兄妹婚与姓氏起源

伏羲是中华民族的始祖。伏羲（含女娲）文化是中华华夏文明的“斯文鼻祖”。伏羲、女娲的出生地和活动范围十分广阔。从总体上看，基本分两大区域：中原伏羲文化区、西部天水成纪文化区，其他还有一些零星的伏羲文化区。就目前学术界的研究情况看，前两个伏羲文化区影响比较大。有一些学者提出伏羲文化源出中原。理由如下：

伏羲女娲

第一，大量材料证明：华胥氏履雷泽生伏羲。雷泽就在河南濮阳范县。西水坡45号墓中的大型蚌塑龙虎图像，正好与范县一带远古沼泽地带有关。

第二，濮阳考古发掘据C－14测定距今6500—7000年，为伏羲文化时期。而成纪伏羲文化距今6000年，成纪的伏羲族系巳族是从中原分流迁往此地的（古称“小龙人”即巳族），该处伏羲文化可能与伏羲后裔的“尊祖”思想有关，从而留下不少伏羲、女娲文化的遗迹。

这个观点，大体可以归纳为伏羲文化西迁说。还可以进一步进行探讨。

伏羲的文化贡献，传之千古，功可齐天。伏羲最大的功业：一是结网罟，发展渔猎经济；二是“化蚕桑”，发展农桑（伏羲六相之首广成子即开始研究农

业的田野子）；三是画八卦，发明书契；四是“定姓氏”、“制嫁娶”、“置婚媒”等。从伏羲出生、活动范围来看，在中原是很普遍的。就目前了解的信息来看，有以下一些地区：

（1）濮阳市为伏羲、女娲（有文献记载说：“华胥生伏羲、女娲”）出生及早期活动地区。这里“龚”姓多（甲骨文中“龚”即“龙”），说明该地区龙的信仰普遍。“中华第一龙”被发掘，有人推测，45号墓主就是伏羲。

（2）上蔡县有白龟寺、八卦台、蓍草园等遗址。传说伏羲画八卦于此。

（3）郑州新密市有伏羲国（补国）、伏羲山（《山海经·中山七经》载的“浮戏山”），山上有始祖山、天皇山、地皇山、人皇山。浮山岭上有“伏羲女娲庙”。传说这里是伏羲、女娲早年避洪水后，结婚繁衍后代、育蚕桑、发展经济的地区。据考古发掘，当时已有一男一女合葬墓，证明伏羲时代已开始出现一夫一妻制。

（4）洛阳孟津有龙马负图处，传说伏羲画八卦于此。

（5）武陟、沁阳也是伏羲女娲频繁活动地区之一。

（6）淮阳、西华、项城、沈丘一带据说是太昊伏羲氏的陵墓及画八卦之圣地，伏羲建都宛丘（今河南淮阳），时间久远，影响重大。

总之，中原的伏羲文化遗迹多且价值高。从以上的情况来说中原是伏羲文化的中心地带，是可信的。

中原“洪水后伏羲、女娲兄妹婚”神话，是文献上记载的“伏羲定姓氏”、“制嫁娶”、“置婚媒”的根据。

中原此类神话十分丰富，目前得到的材料已有50多篇。至于此类神话中的主人公不明确说明是伏羲、女娲兄妹的（只说是“兄妹二人”、“姐弟二人”或各种人名的）也不下六七十篇。仅河南各地就蕴藏如此数目巨大的此类神话遗存，这个现象说明什么呢？

首先，说明中原（主要在河南）在上古时期确实有过大洪水（包括地震、火山、天塌地陷等）灾害，后果是使人类灭绝（包括“灾难重演”型和“灾难首起”型两种）。据梁启超的考证，中国上古有三次大洪水：一次在女娲时代，一次在尧时，一次在大禹时代。两相印证，就可以理解为什么三次大洪水都在中原了。

其次，说明远古中华先民生存的困难和生活的艰辛。一次次的洪水导致人类灭绝，人类又一次次地重新繁衍下来，中华民族先民为战胜洪水所进行的伟大斗争，是感天地泣鬼神的。

第三，远古先民经过艰苦斗争，使华夏文明得以继续发扬光大，其自强不息、昂扬奋进的伟大民族精神，产生了不可阻挡的传统文化的威力。

第四，此类神话在创立远古婚姻、社会体制方面，打开了历史的东方文明的曙光。这种婚姻体制和社会体制，在5000多年里，对巩固和稳定社会秩序、规范人们的物质和精神文明起到了极其重要的作用。

总之，中原“洪水后伏羲、女娲兄妹婚”神话，在中国社会史、家庭史和婚姻史上的文化价值是极其重要的。

中原“洪水后伏羲、女娲兄妹婚”神话，涉及的是中国上古原始社会从母系氏族向父系氏族过渡、婚姻制度由“族内婚”向“族外婚”过渡的社会转型。从当时远古先民的思想意识上讲，也同样存在着过渡状态。也就是说，一方面，从认识上“族内婚”的观念已在逐步淡化，甚至开始抛弃；另一方面，“族外婚”的观念还没有完全确立，处于渐变的过程之中。特别在遇到“洪水灭世”、人类濒于灭绝的关键时期，人类面临着存亡的抉择：要么抛弃族内婚习俗，人类消亡；要么兄妹（或姐弟）结婚，繁衍人类。两者必居其一，中间的办法是没有的。但是，要做出正确的选择，思想斗争是十分激烈的，也是痛苦的，过程又是漫长的。在这类神话里，主人公伏羲和女娲要经受考验的程度是严峻的。怎样做出存亡抉择呢？大体要解决如下一些难题：

兄妹成婚，二人必须统一认识。中原这类神话里，在这个问题上有如下的一些表现：

第一，兄妹仍依“族内婚”习俗行事。洪水后，二人自然成婚，无争议，像河南封丘的这类神话即是。神婆告诉伏羲、女娲，是兄妹就可成婚。有的是洪水后，兄妹二人“撮草为香，拜天地成夫妻”。这自然是“族内婚”这种观念、习俗起了决定作用。

第二，伏羲、女娲兄妹已经意识到兄妹结婚违犯禁忌习俗，但在面对人种即将灭绝的情况下，自行约定用占卜的方式解除禁忌和思想上的顾虑，同意结为夫妻。如：双方约定：二人各自向相反的方向走去，到二人见面时，说明世上真正没有人了，才结为夫妻（《敦煌宝藏》一书中亦有同样记载）。又如舞阳有记录说：眼前水里出现两条红鱼；又提出天上一只孤雁的头掉在眼前才结为夫妻等。另外，还有二人中一人提出三个要求，先是在两山上两人放火，烟合结婚；再是两人在河两岸种的树接在一处，才结婚；最后提出滚石磨合一处成亲。这叫天意、地意、人意都同意，二人才结为夫妻，等等。总之尽管这婚仪带有占卜天意、地意、人意（主要是天意）的超现实的意识，所谓“天意”就是人类灭绝或再生的生存与发展的大问题。但二人的态度是主动的，思想上有默契。

第三，兄妹二人对结婚始终持抵触情绪，认为兄妹结婚违背“族内婚”禁忌观念和习俗，对“兄妹婚”持反对态度。在这种情况下，往往需要超自

然的动植物或神来协助（如龙、虎、龟、狮、竹、神树、神人等）。最有名的此类神话如洛阳龙门一带流传的《龙的传人》，女娲提出两个条件：一是兄妹婚绝不允许，保护神黄龙说："男女结婚是天意"；女娲提出把龙门山劈为两段才结婚，黄龙用尾巴劈开。二是女娲提出在东西龙门山上向伊河滚石磨，合一处结婚。滚石磨时，女娲故意从西山向北面滚，黄龙运用神力使伏羲的石磨落在伊河的西岸，与女娲滚的石磨合在一处。二人结为夫妻。其他类似的例子像义马县的传说中说：伏羲不同意结婚，问竹子，竹子同意，伏羲把竹子砍出了竹节；问乌龟，乌龟同意结婚，伏羲把龟壳踩碎；最后。才滚磨成亲。在兄妹看来，结婚虽是不许可的行为，但在当时又是不得已顺从"天意"的行为。这说明"族内婚"已不被舆论和习俗所认同。只有在人类面临灭绝的情况下，通过特殊的、超自然的方式，实现这个在现实中实现不了的事情，这就是此类神话的实质。

传统图腾

第四，有的地方（如桐柏）的"兄妹婚"神话的主人公，如与伏羲、女娲洪水神话相叠合的盘古兄妹，始终不同意结婚。即使在举行滚石磨仪式结婚后，盘古仍将一扇石磨扔到西大山。盘古竟因孩子问他们是哪里来的而害羞出走。说明对兄妹婚乱伦意识已很强烈，这显然是"族内婚"向"族外婚"过渡后期的产物。

此类神话中的保护神，实际是这一时期在面临"洪水灭世"的情况下，代表人类生存、发展最大利益的象征——"天意"，也是中华民族生存和发展的最高利益的代表，是传统文化的精髓。因此，在中原的此类神话中的保护神如龙、虎、龟、狮等，都成了特殊文化的核心。这些保护神的功绩盛传至今，仍为人们所崇祀，道理就在于此。它们甚至成为民族形象的化身，渊源也在于此。

"伏羲、女娲兄妹婚"神话的"婚仪"。带有很大的神秘色彩：通过奇特的方式和过程，使其符合"天意"、"地意"、"人意"，使兄妹结婚繁衍人类成为可能。但是，要使这种可能成为现实，还需要进一步解决先人对生殖的认识和理解，才能实现这一愿望。

此外，伏羲、女娲兄妹婚神话中还有一种特殊的姓氏起源的说法。这种说法很少见，和西南少数民族"肢体化生"的传说相近。例如，在沁阳的传说中女娲用刀将生的肉团剁成肉末撒向各地，从此有了人类和姓氏。有的说是把肉团剁成肉丝，挂在各处的树上，这些肉丝都活了，就有了姓氏。

值得注意的是，女娲捏泥人传说也有个演变的过程。早期传说中女娲捏的泥人，放地上就活了，还会喊妈。后来传说吹口气泥人才能活，即原始人以巫术帮助实现泥人的生命复活。在武陟县的此类神话里，女娲用嘴吹不过来。她就把泥人摆满了太行山和黄河边的青风岭，然后呼来大风吹活了泥人。女娲捏的泥人，死得很快，她就用天上阳水和地下阴水和泥，这样捏的泥人就有了很强的生存能力。最后，她用灾后仅剩的一个泥人和她与丈夫生的一个人结婚，才生了"真正的人"主宰世界，才有了各自的姓氏。

中华民族姓氏起源应追溯到人祖伏羲、女娲，这虽是远古神话，但却反映了华夏始祖创世造人的艰辛。集中反映了女娲造人"定姓氏"、"置婚嫁娶"、"制婚媒"的真实、生动情景。其中许多都是神话想象思维的产物。它的主旨和内核是通过"不合逻辑"的思维实现的。因此，它的存在在原始人看来，却是真实而神圣的。

图腾感生

"图腾感生，演化为姓"是近代颇为流行的一种观点，认为中华古姓起源于原始的图腾崇拜。

"图腾"一词，来源于印第安语，图腾崇拜是世界各民族普遍存在的原始宗教的信仰形式，中华民族也不例外。在原始社会中，由于生产力水平和文明程度十分低下，人类既不了解人类与大自然的关系，也不了解自身和氏族组织的起源，认为人类每个氏族、部落都与某种自然现象、动植物、非生物有着某种神秘的亲缘关系，如日月星辰、风云雷电、山川岩石、花草树木、熊罴虎豹、牛羊犬马、禽鸟龙蛇……只需该氏族的始祖母与之接触感应，就会衍生后代。所以图腾物象就成为本氏族的祖先，成为本氏族

所共有的标志和徽号，即族徽。这种自然崇拜、生育崇拜、祖先崇拜的原始宗教信仰形式和偶像，即图腾名称，便成为最早的社会组织——氏族的名称，进而演化为该氏族共有的姓源。中国最早的一批古姓，就是由氏族图腾演化而来。

各民族中图腾祖先形象有的是自然界中存在的动植物、非生物或自然现象，有的是虚幻的半人半神、半人半兽形象。在我国各民族神话传说与历史文献中，有许多图腾崇拜、图腾感生的事例。在有关炎黄部族起源的历史文献中，都称说炎帝神农氏，其母为安登，因感应神龙绕身而生炎帝于姜水，因而炎帝神农氏以姜为姓；黄帝轩辕之母附宝，因在大野中见雷电绕北斗七星，感而有孕，生黄帝于轩辕之丘，育于姬水之畔，故以姬为姓；夏祖女志梦流星落地，化为神珠薏苡，后而有孕，生下大禹，故夏人以薏苡为“图腾”，以姒为姓（姒即苡字的演化）；商祖简狄则是因吞食玄鸟之卵而生契，故以鸟为图腾，以子为姓（子即卵）；周祖姜女原因践巨人之迹（熊迹）而生后稷，故周人以熊为图腾，以姬为姓（巨为熊迹之形，巨从女旁而为姬）……

在其他少数民族中，图腾崇拜与图腾感生的传说更是屡见不鲜，有的一直流传至今，演化成一种独特的民族习俗。如东夷部族以鸟为图腾，以鸟为官名，以鸟为姓氏。南蛮人传说其始祖父是神犬盘瓠，突厥人说他们的始祖母是一匹母狼，古夜郎人相信他们的始祖出自一株三节大竹，党项人自称源自猕猴，达斡尔族传说其始祖母是一只美丽的狐狸，苗族认为枫木是自己的始祖，怒族传说其祖先是蜜蜂变的，鄂伦春人认母熊为其始祖母，壮族则认为自己是青蛙皇帝的后裔，傈僳族、白族、彝族则认为虎是他们的祖先……时至今日，在这些少数民族地区，仍保留着原始图腾的传说、习俗，仍可以找到以图腾为姓的事例。

第二节 “姓”的诞生

我国是最早使用“姓”的国家

在300万年的中国历史长河里，中国古人在环境极为恶劣的条件下，绵延生息。历燧人氏、有巢氏等渐进不止，逐步认识自然，认识人类自己本身，慢慢地在历史中产生了姓的认识，产生了血缘“姓”群体标志。在全世界范围内，各民族姓氏形成的时期早晚和发展的过程各不相同。在文明古国中，古埃及、巴比伦、古印度这3个“世界文明古国”，都有各自的特点，人们一般都只有名字，没有固定的、世代相传的姓氏。

直到公元前3世纪的罗马共和国时期，罗马人才开始使用“真名”，当时罗马自由民的全名是：本人名+氏族名+家族名。

到了罗马帝国时期（公元1~5年），家族名逐步成为固定的世代相传的姓，罗马自由民的姓名遂采用统一的“本人名+家族姓”的格式。但是奴隶只有名，没有姓。他们的这个格式相当于周代只有天子、国君有姓，贵族有氏，庶民百姓则无姓无氏只有名。

日耳曼人入侵罗马帝国以后，欧洲人在漫长的时间内又陷入了“有名无姓”的地步。直到公元9世纪，意大利各城邦才逐渐有“姓氏”。

11世纪英国一部分贵族才开始有“姓氏”的记载，英格兰地区到16世纪初才较为普遍地使用姓氏，而威尔士、苏格兰和爱尔兰直到18世纪还没有普遍使用姓氏。15世纪法国人的姓氏才基本固定下来。德国人的姓氏则形成于16世纪。至于印度人普遍使用姓氏的习惯是从18世纪末、19世纪初才开始。犹太人到1808年才正式有“姓氏”。在10世纪，朝鲜、韩国、越南等国家，才相继普遍使用姓。其姓氏史只有1000多年。

在5世纪晚期，日本民族方有姓。但其仅仅是代表社会政治结构中的地位与职务的世袭称号。日本明治维新以后，于1870年和1875年两次由政府

颁布“壬申户籍法”，法定所有的日本国民都可以有、也必须有“姓氏”。所以百姓报名入册，要求每一个人必须有姓。这时候他们才急匆匆各自找代号之姓。他们多以居地名为姓，竟一下子忽涌出30000多个姓。这样看来，日本民族普遍使用姓氏的历史只有百十年。

1912年泰国、1934年土耳其，才分别开始每家取“姓”。

20世纪，欧洲尚未使用姓，像俄罗斯在14、15世纪贵族才开始有姓，起名多用领地名作姓。17—19世纪，商人、神职人员获得姓，而大多数俄罗斯人并没有姓，许多人在19世纪30年代领身份证的时候，才取得了姓。

土耳其人直到1935年才以法律形式规定使用姓。美洲国家的姓，大多产生于中世纪中期，也只有400多年。

由上述可知，世界上大多数国家的姓氏历史都比较短，有的几百年，有的还仅仅几十年。

只有中国人具备了世界上最久远的姓氏传统。

世界各国的姓是一个单纯的姓氏符号，而我们中国的姓，不仅是一个氏族或者是一人的标志与符号，它有着悠久的历史，而且又有着丰富的文化内涵，区别于他国。

历史悠久的中国具有10000年的姓氏史，欧洲、美洲及其他国家使用姓氏的历史，相较之下都要短得多。时间上如此，中国姓氏的产生渊源、实质内容等，他们同样不可与中国相比。

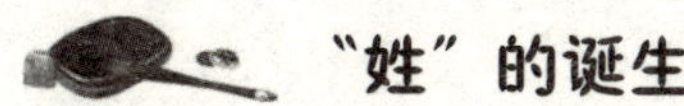

“姓”的诞生

中国人类历经了300多万年前的淮南八公山人，200多万年的巫山人，170多万前的元谋人，100多万年前的蓝田人，直至1.8万年前的北京山顶洞人，才走完了从古人到新人到智人的漫长历史里程，完成了从蒙昧、野蛮到文明的大历史改造。

北京西南周口店山洞里，1929年发现生存在约四五十万年前的猿人头骨、牙齿、下颌骨和躯干骨化石。这种猿人被命名为“中国猿人北京种”（或叫“北京人”）。他们已经知道选取砾石或石英，打击成有棱角的石片，当作武器或生产工具来使用。他们居住在石灰岩的山洞里，用木柴燃火，烧烤食物。按照人类漫长的进化过程，“北京人”已经超过了一般动物的阶段，而且也脱离了人类的婴儿期。

1954年，山西襄汾县发现3个人类牙齿化石和大量石器。这种人被命名为“丁村人”。已经显示出人类初步使用石器的现象，不过比“北京人”已经有些进步。内蒙古自治区萨拉乌苏河与宁夏回族自治区水洞沟等地，曾发现过约20万年前的人类门牙一枚及许多旧石器。门牙与“丁村人”牙齿极为相近，旧石器中有尖状器、长刮器和各种刮削器，也比“北京人”所用的进步，考古学上称它为“河套文化”。这时候的人身体上的结构与现代的人类相接近。石器也已进化到旧石器中期。

甘肃庆阳县，陕西榆林县油坊头及准噶尔河流域，山西河曲县、保德县、甘肃中卫县、四川资阳县都曾有旧石器的发现。考古学上认为这些遗物，有些属于“河套文化”，有些比“河套文化”年代还要早些。

在周口店猿人洞穴的山顶上的洞穴里（因此叫做山顶洞），发掘出约5万年前的人骨化石、石器、骨器和装饰品。石器中有火石制、石英石刻制的刮削器、尖端刮器，与西欧旧石器晚期的制作大致相似。骨器中有兽骨磨成的骨针，似乎已有简单的缝纫。装饰品中有穿孔的兽齿、鱼骨、贝壳和海蚶壳，还有用赤铁矿染红的石珠，这时候似乎已有爱美的观念。人骨化石旁散布着赤铁矿粉粒，似乎已有饰终的仪式。“山顶洞文化”比“河套文化”又前进了一步。这时候的人，身体上的结构，已经到了现代人的阶段。石器已进化到旧石器晚期。

在内蒙古的札赉诺尔（呼伦池附近），黑龙江的顾乡屯（哈尔滨附近）等地，曾有中石器时代遗物的发现。札赉诺尔的石器，有的已经研磨过。顾乡屯的骨器，有些器体很整齐可观，制作技术超过了“山顶洞文化”。这些出土的器物中有石器、骨器、角器、牙器、火烧骨和人骨化石，估计年代约在两万到四五万年前。

中国境内西北、华北、东北、西南都已发现旧石器、中石器及其逐渐进化的遗迹。虽然材料稀少，有待于今后考古学者的继续发现，但有一点是可以肯定的，就是中国境内四五十万年以来，就有人类居住并在各个地区创造着自己的文化。

氏族部落是社会的基本经济单位，实行生产资料公有，集体劳动，平均分配，没有剥削与阶级。公共事务由共同选举的氏族长管理，重大事情由氏族成员共同决定。成员处于自由与平等的地位。那时候，生产力非常低微，人们借以生活的工具仅仅是石器以及后来出现的弓箭。

早期母系氏族就有自己的语言与名称。同一氏族有自己共同的血缘，共同崇拜的祖先。氏族成员生前共同生活，死后共同葬于同一墓地。随着原始农业及家畜的出现，其发明者妇女在生产及经济生活中占主导地位，在社会上受到尊敬。

母系氏族婚姻与氏系的基本特点，始终以母系血缘关系为纽带，婚姻形

式在早中期为群婚、乱婚、杂婚，子女从母。

上述的一切构成了中国之“姓”诞生的社会基础、环境与条件。

“姓”与古老的性崇拜

《礼记·郊特性》曰：“万物本乎天，人本乎祖，此所以配上帝也。”万物来自于天，人来源于其祖。有了人，有了人群，有了部落，随着人类生产力的发展诞生了“姓”。

中国人类从淮南八公山人到北京山顶洞人有300多万年的历史，是母系社会的历史，父系社会的历史不过1万年左右。300∶1的比例说明，中国远古社会主要是母系社会，父系社会简直可以忽略不计。然而正是这1万年中人类创造了“氏”。在300万年里，人类度过了自然环境与人类生存环境恶劣艰难的童年。“姓”诞生在中国人类史的300万年之中，太遥远了，这是我们所寻觅的、遗失的远古文明。

历史学家把中国远古史分为旧石器时代、中石器时代与新石器时代，旧石器时代在考古学上是以使用打制石器为标志的人类文化发展阶段，是石器时代的早期阶段。一般认为这段时期在距今约250万年—约1万年前。旧石器时代早期、中期和晚期，大体上分别相当于人类体质进化的能人和直立人阶段、早期智人阶段、晚期智人阶段。

在大约2万年前，最后的冰河时期渐渐过去。人类亦开始改变其生活习惯。因为自然气候变暖，使采集和渔猎经济有了较大的发展。而为了在新的环境中能生存下去，新的发明、创造继续出现，而且比旧石器时代时更多。这就是旧石器时代向新石器时代的过渡阶段，也就是中石器时代。

中石器时代的特色是用燧石组合成的小型工具。在某些地区可以找到捕鱼工具、石斧以及像独木舟和桨这些木制物品。

新石器时代在考古学上是石器时代的最后一个阶段，以磨制石器为主，大约从1万年前开始。

中国的“姓”诞生在1万年前的旧石器时代早期智人、晚期智人阶段。那时候，属母系社会，氏族林立，有多少母亲，就有多少氏族，就有多少小部落，就有多少个“姓”。同一个氏族，同一个母亲，同一种血缘，同一个“姓”。也就是说，母亲的姓，就是儿女的“姓”。人口越来越多，众多人的行动，有时方便，大多不方便，根据生存的需要，他们分群依然是以女性为主为首。小部落联合起来对付外敌的侵袭，当然是亲子部落。女子生了儿女，她们就是另一群的首领，即另一个母部落的子部落，原本母亲的姓，是为

旧石器时代生活场景

"同姓"。

从上述可以看出，"姓"是同一个母亲、同一血缘的产物，是氏族成员共同拥有的标志与称号。

"姓"的实质是"性"，是女性生殖崇拜，是母系社会发展到一定历史阶段的产物。母亲是神圣的，没有母亲，就没有儿女；没有母亲，就没有母部落与子部落的联合与统一；没有母亲，就没有联合统一的某姓部落的强大力量，将会受到野兽的侵袭，或者敌部落的掠夺。一个"姓"显示了血缘，如不是一个姓，就不是一个血缘，就不是一个始祖。所以"姓"是区别血缘的群体标志。

"姓"的诞生是人类在长期生活实践中，逐步认识自然、认识人类自己的结果。

远古人类难以认识变化无常的大自然。大自然有时温柔得像个姑娘，有时像个发怒的疯子，有时残酷得令人难以生存。更重要的是先民对大自然的风雷雨电不理解，对日月星辰不理解，对白天黑夜不理解，对一年四季的自然变化不理解。按先民的理解，认为天上有个伟大而神奇的大神，翻手为云，覆手为雨，因成风雷雨电，日月星辰，山川河流，等等，创造了大千世界。这就出现了《尚书》中说的"皇矣上帝"。先民对"上帝"常常害怕得要命，他们实在难以活命的时候，会呼叫"上帝"，哀求上帝保佑。

自然灾害

古人不仅对大自然不理解，对日月星辰、风雷雨电天体的形成，他们认为是由万能的上帝主宰，他们崇拜上帝，不唯如此，对于人类生命的诞生，他们同样认为是上帝的恩赐，与男女交媾没有任何关系。

但是，经过百万年，或者说几十万年，人们才发现仅仅崇拜上帝，男女不交媾仍不会生儿育女。他们经过长时期的观察与实践，才认识了男女交媾生人。

"性"由心生，只有心生男女才交媾，没有性，就没有人的继往开来。因此，他们

崇拜能够使人类生殖的“性”。“性”是天生，是人人都有的，属于共有的称谓，视为普遍性，而作为区别则要加定语，这就是后面我们要讲的图腾崇拜。

“姓”本乎祖，母祖姓什么，其子孙就姓什么。只要不“断子绝孙”，这个氏族的人群就能够一直延续下去。远古人到处游猎采集，同一个“姓”，就是同一个血缘，他们就会彼此相助，维系正常的人类生活。所以“姓”是中国远古母系社会发展到旧石器时代早期智人、晚期智人阶段的产物。

甲骨文的“姓”左“女”字，右“生”字，说明了以下几个问题：

（1）“姓”出自女人。

（2）“姓”与女人生的人有关，是同一血缘。

（3）“姓”是“性”。一个女人自己不会生儿育女，女人之所以能够生儿育女，是因为与男子“交媾”，只有女子与男子“交媾”才能“生人”，人才能延续与生生不息，人是由男女交媾而来，是由女子所生。这是“性”最为关键的核心，也是“姓”的核心。所以，古人以“姓”通“性”、同“性”。不但称呼如此，而且连“姓”字的发音也相同。这就是“姓”的来源，也是“姓”的根本。

（4）区别于他姓的群体性崇拜。

总之，“性”关系到人的生殖繁衍生生不息，“姓”源自生殖崇拜生生不息。

“姓”的传承

在遥远的远古社会里，人们生存的组织方式是以氏族为组织单位，不论人数的多少，他们的成员都源于同一母系始祖。“母系始祖”是主导，决定了部落的生计与人们的命运。而“亲亲血缘”是一个部落成员联系的中枢与关键。在这个历史阶段，各氏族以血缘延续发展，分氏族、小氏族是亚氏族，亚氏族源于大氏族，如此次第发展，一条血缘把各母系氏族串联起来，形成了部族、部落联盟。它们的首领即是“母祖”，“祖”的概念已经出现了。这是“姓”产生的社会基础。

人从母而来，母祖既是人世间的“上帝”，又是它们的酋长，带领女女男男获得保命食物的首领，是老老少少、男男女女生活的依靠与保障。人们崇拜上帝，崇拜女性，崇拜祖先。在这个历史阶段，形成了“天—祖—氏族首领”的“天政合一”。既有对天的“上帝崇拜”，又有对人世间上帝的“祖先崇拜”，又有对女性的“生殖崇拜”。这就是“天人合一”理念之始。

女祖宗生下了女儿，发展了老祖先的血缘，儿女又生下一串儿女，又发

展了一个系支；这一串女儿又生下一串儿女，这些女子又发展出一个亚支系。在当时落后生产力的情况下，妇女取得了支配人群的主导地位，女性血缘的延续保障了母系氏族公社的权威。这就是早期母系氏族社会的形成。

在这个漫长的历史时期，只有对人类有巨大贡献的人，才能一代又一代靠古人口传心授传承下来。没有巨大贡献的人，像日月升落一样，便默默在历史长河中消失了，同禽兽的一代又一代的消失一样。

历史太遥远了。从文物发掘看，即使是北京山顶洞人，有五六十万年的历史，人类在这个世界上并不占主导地位，占主导地位的是野兽。有原始石器与火烤痕迹的出现，人类开始懂得使用工具与火。

燧人氏这位老祖先教人类用火烧烤、防寒、照明。“有巢氏”教人类像鸟类一样在树上筑巢栖息，以防止野兽的袭击。

这两位伟大的“文化人物”，可惜也没有“姓”。按照我们今人习惯的说法，“氏”的出现是男性主权的父系氏族社会，他们应当是男性祖先，其实，根据当时的历史条件客观地分析，这两位老祖先都应当是女性祖先，是人类的老祖母。但后人在称呼他们的时候，却以“氏”定位。把“燧人氏”、“有巢氏”都视为男性祖先。母系氏族社会漫长的百万年间，没有传下一位女性先祖。

说到中国古史的传说时代，按照一般的说法，首先应当从有巢氏、燧人氏、伏羲氏与神农氏说起。这“四氏”由战国后期诸子提出，均在黄帝之前。其实，这“四氏”是中国古史传说时代的伟大人物。

燧人氏钻木取火

传说中的有巢氏代表了中国古人走出山洞的巢居时代，处于人类的蒙昧时期，当时的原始人类与禽兽没有区别。人类虽然知道制造工具、使用工具，但所谓工具不过是石块与木棍而已。这一时期人类的劳动创造，考古学家称为早期旧石器时代。这时候，人类还不懂得用火。原始人类生存在非常恶劣的条件下，巢居穴处，群生聚处，没有一个孤立的个人可以离群索居生存。

历史到了中国古史传说中的燧人

氏时代，即蒙昧中期的社会，这是中期旧石器时代。在这个历史时期，有几个显著的特征，即骨器的出现、凿孔技术的发明。特别是火的应用，由于劳动生产的发展与火的应用，发达了人类自身的肉体机构，因而提高了人类对自然环境的适应性，从而扩大了他们对自然界的占领，随着采集向狩猎开始转化，这就出现了男猎女采的原始分工，至成"古者丈夫不耕，草木之食足也；妇人不织，禽兽之皮足衣也。"

在原始社会中，早期母系氏族就有自己的语言与名称，但只是一名称而已，同一氏族有自己共同的血缘，同时有共同崇拜的祖先。氏族成员群出群入地共同生活，死后共同葬于统一的墓地。氏族婚姻与氏系始终以母系血缘关系为纽带，婚姻形式在早、中期为"乱婚"、"群婚"、"杂婚"，常常是一群男子配一群女子，连固定的男子也没有。

后来，氏族族外婚制出现，夫妻分别在各自的母系氏族中，婚姻生活采取丈夫走访妻子的形式，子女从母，属母方氏族，世系继承当然从母。

这一"群婚"、"杂婚"的时代，是一个"只知其母不知其父"的时代，即母系社会。社会形式不是统一的，是分散的生存集体，以氏族部落、部族存在，没有部落联盟的产生。正是在这样的时代里诞生了"性"，即"姓"。作为生存群体而产生"性"，作为区别他"性"的标志。

人类生生不息，氏族生生不息，伴之，"姓"的传承也生生不息。只要有氏族部落存在，就有"姓"的传承。

知识链接

三皇五帝的传说

自从盘古开天地，三皇五帝到如今。中国古代史籍对传说中我国帝王"三皇"和"五帝"极为推崇，那么，"三皇"和"五帝"到底指的是哪些"皇"和"帝"呢？

我们不妨罗列一下被中国古代史籍传说的"三皇"和"五帝"。

"三皇"有7种说法：《史记·秦始皇本纪》以天皇、地皇、泰皇为"三皇"；《史记·补三皇本纪》引《河图》、《三五历纪》以天皇、地皇、人皇为“三皇”；《风俗通义·皇霸篇》引《春秋纬·运斗枢》以伏羲、女娲、神农为“三皇”；《白虎通》以伏羲、神农、祝融为“三皇”；《通鉴外纪》以伏羲、神农、共工为“三皇”；《帝王世纪》以伏羲、神农、黄帝为“三皇”；《风俗通义·皇霸篇》引《礼纬·含文嘉》以燧人、伏羲、神农为“三皇”。综上诸说，天皇、地皇、人皇、泰皇所指不明。《绎史》引《三坟》，称伏羲为天皇，神农为人皇，轩辕为地皇。但《三五历纪》把伏羲列于天皇、地皇和人皇后面，显然天皇、地皇、人皇这“三皇”里面不包括伏羲。而《史记·秦始皇本纪》的“三皇”说所称的“三皇”也不明确。

“五帝”有5种说法：《礼记·月令》、《淮南子·天文训》、《汉书·魏相传》以太昊、炎帝、黄帝、少昊、颛顼为“五帝”；《世本》、《大戴记》、《国语》、《史记·五帝本纪》以黄帝、颛项、帝喾、尧、舜为“五帝”；《尚书序》、《帝王世纪》以少昊、颛项、帝喾、尧、舜为“五帝”；《皇王大纪》以伏羲、神农、黄帝、尧、舜为“五帝”；《周礼·天官·大宰》以东方青帝、西方白帝、南方赤帝、北方黑帝、中央黄帝为“五帝”，东方青帝即伏羲，南方赤帝为炎帝。

总结“三皇”的7种说法、“五帝”的5种说法，伏羲（太昊）出现8次，炎帝（神农）出现8次，黄帝出现4次，其他“皇”、“帝”都在3次或3次以下。

结合中国古代史籍对传说中我国帝王“三皇”和“五帝”的各种说法及古史中对中华文明开端时期中国英雄人物的记载，可把伏羲、女娲、炎帝、黄帝、颛顼、帝喾、少昊、尧、舜、禹称为中华民族的十大始祖。

第三节 “氏”的由来

父权的确立

在先秦时期，标志部族、宗族的徽号，除姓之外，还有氏的称谓。氏是姓所衍生的产物，即姓的分支。《通鉴外纪》对此有非常明确的论述：“姓者，统其祖考之所自出，氏者，别其子孙之所自分。”也就是说，姓表示宗族的起源、出处，是原有的大宗的称号；氏是后起的、分支的、小宗的族号。而氏字的文字结构，在殷商甲骨文中解释为：“木本”之意，就是植物之根，故后世多用“寻根”二字表述某一姓氏认祖寻根、追源溯流的文化情结。

氏出现较姓晚，产生于父系氏族社会时期。在母系氏族社会末期，随着生产力的发展和人口的繁衍，氏族活动的范围不断扩展，氏族组织中不断分出一些小的群体，迁徙到新的地区。为了区分这些新生的、小的社会群体，并维系与原有的氏族组织的联系，于是便产生了“氏”这一社会组织名称。所以我国古代学者在解释“氏”字时，说氏的本义应该作“是”，表示存在的意思，表明其某某分支生活、聚居于某一地区，把地域概念引入了血缘群体的组织之内，用以表示分布于不同地区的、同一姓族组织的分支、衍派，这就是“氏”。《说文解字》中对“氏”的解释则说：“氏，巴蜀山名，岸胁之旁著欲落堕者曰氏。”段玉裁注曰：“小阜之旁（傍）著于山岸胁，而状欲落堕者曰氏；其字亦作坻。”《诗经·秦风·蒹葭》中“溯游从之，宛在水中坻”的“坻”字，即指由岸旁山崖主体崩裂、落堕的小丘，是分裂、析出的一片沙洲，生动形象地说明了“坻”（即氏）的来历，也正是“氏”字的本义。

有的文献典籍中，把这种从氏族组织中分裂而出的新群体称作“族”，也有的文献典籍“氏”、“族”相提并用。在有关夏、商、周三代历史的记载

中，夏代多称氏，如“有扈氏”、“有莘氏”、“有穷氏”、“有仍氏”、“斟郡氏”，等等。而商代则多称族，如“王族”、“子族”、“三族”、“五族”；周代则氏、族并称，如周初在大量封国命氏的同时，又赐予有功大臣“殷民六族”、“殷民七族”，等等。

综上所述，可以看出，“氏”、“族”都是从大的氏族组织中分离、产生的新的社会群体，是姓的分支、衍派；“氏”、“族”形成的基本原因和主要特征就是地域的区分，即“胙土命氏”，“氏”就成为占有土地、区分地域的重要标志，也是氏的原始的基本功能。这也正是周代“胙土命氏”的历史渊源。

“氏”的产生除“因土命氏”（胙土命氏）之外，另一重要来源是由于社会分工，不同阶层的人因所从事职业、技艺、身份不同，而形成不同的社会集团，获得了各种“氏”的称号。在母系社会末期、父系氏族社会初期，由于生产力的发展，社会财富的积累，社会组织结构的变化，形成了不同的社会阶层和社会集团。在社会分工日益明确，职业技艺日益专业的情况下，男子的优势也日趋明显，于是父系社会逐渐取代了母系社会，父系大家族的杰出人物，成为社会主流的支配力量和各行业、各部门的权力象征。其中既有执掌统治大权的首领阶层（氏族首领、部落酋长等），也有分管山林水泽、农牧渔猎、天文历法、军事刑法、礼仪教化、仓廪财物的各种机构和官员，还有从事“百工技艺”的专业人才。如：“别婚姻，正姓氏”的太昊伏羲氏、“尝百草，艺五谷”的炎帝神农氏、“明人伦、定刑律”的黄帝轩辕氏、“掌历法，辨四时”的少昊金天氏等古代帝王（部落联盟酋长），以及专管山林水泽的“有虞氏”、负责陶器制作的“有陶氏”、司职“火正”的祝融氏、重黎氏、主管刑法的“大理氏”等百官。而百官的技艺往往由家族世袭，代代相承。因此，社会分工、职业世袭，就为“氏”的产生形成另一重要途径。由于社会分

太昊伏羲陵鼓楼

工不同，职位、技艺高低不同，“氏”也就成为表明社会地位、身世贵贱的重要标志，也是“氏明贵贱”的历史渊源及其基本功能。“氏”成为社会发展到一定阶段的重要产物和时代的标志。所以说：“尊者为氏”。郑樵在其《通志·氏族略》序中对此有一段精辟的论述：“三代以前，姓氏分而为二，男子称氏，妇人称姓，氏所以别贵贱，贵者有氏，贱者有名无氏……姓所以别婚姻，故有同姓、异姓、庶姓之别；氏同姓不同者，婚姻可通，姓同氏不同者，婚姻不可通。”也就是说，先秦时期，氏不仅是部族、宗支的徽号，也是社会地位尊卑、贵贱的标志。最初，氏是同姓部落的名称，后来则逐渐演变为专指部落首领相沿世袭的尊号。传说中父系社会英雄人物的称号，均加“氏”以尊称，如炎帝神农氏、黄帝轩辕氏、太昊伏羲氏、少昊金天氏等，就是例证。

这种以“氏”区别贵贱的风尚，在从父系氏族社会到先秦时期这一历史阶段，相当盛行，形成“同姓异氏，一姓多氏”的社会格局。如炎帝神农氏本来是姜姓部落的始祖，但其后裔却有烈山氏、祝融氏及齐、吕、申、许等氏族分支；黄帝轩辕氏为姬姓部落的始祖，但他的25个儿子，却分为12胞族（氏族）；太昊伏羲氏，少昊金天氏，本是东方风姓部落的首领，是以鸟为图腾的部族（风即风鸟），其后裔则繁衍为凤鸟氏、玄鸟氏、丹鸟氏、青鸟氏、鸠鸟氏、爽鸠氏、伯赵氏及“五雉”、“九扈”等24个“以鸟名官”的氏族。

这样随着父权制的确立和“氏”的形成，母系氏族逐渐被父系氏族所取代，所有的血缘关系，均由父系来确认。所以母系姓族之解体，父系氏族之兴起，成为姓氏发展演变过程中又一个重要的里程碑。

“氏”的封定

“氏”的产生有多种途径，其中最主要的一个来源就是“胙土命氏”。“胙土命氏”也写作“祚土命氏”，是夏、商、周三代之时“封邦建国，赐姓命氏”的一种分封制度。它肇始于夏、商时期，盛行于西周初年。《左传·隐公八年》记述一段鲁国卿士无骇去世后，众仲与鲁隐公为之谥号、命“氏”的对话，精辟地阐述了“胙土命氏”的内涵及“姓”、“氏”二者之间的关系和区别。“古者天子建德，因生以赐姓，胙之土而命之氏，诸侯以字为谥，因以为族；官有世功，则有官族；邑亦如之。”意思是说，过去天子封邦建国，分封诸侯，根据其出生而赐姓，又分赏土地而命氏，诸侯以字为谥号，后人便作为族号；担任某种官职，累代世袭而又有功绩的，就以官职作为族号；

有封邑的士、大夫即以邑为族号。这里的族号，就是“氏”。宋代史学家郑樵在其《通志·氏族略》中对姓氏的来历和种类曾做过系统的总结和科学的分类，将之分为32类，其中以各级地名为“氏”，以（祖父）姓名为“氏”，以官爵为“氏”，以职业技艺为氏四大类别，是“得氏”最多、影响最大的主要来源。

夏代的“胙土命氏”情况，因缺乏文献记载和考古发现，难以详知，但据《史记·夏本纪》和《世本·氏姓篇》载录，夏禹因治水安民有功，“皇天嘉之，祚以天下，赐姓曰姒，氏曰有夏。”四岳也由于辅助夏禹有功，皇天也“祚四岳国，命为侯伯，赐姓曰姜，氏曰有吕”。在夏代，以国为氏的部族有：夏后氏、有扈氏、有男氏、斟鄩氏、彤城氏、褒氏、费氏、杞氏、缯氏、辛氏、莫氏、斟戈氏及有南氏、有鄩氏等十余个姓氏。此外，中华古姓中著名的祝融八姓：己、董、彭、秃、妘、曹、斟、毕也都“祚土命氏”，建立了苏、顾、温、董、豕、韦、大彭等国。

商朝是典型的奴隶制王朝，国家机构已经形成，“胙土命氏”正式成为姓氏产生的重要途径。商朝帝王嫡子有继承王位的权利，某些庶子则有“胙土命氏”的分封权益。一些有功于王室的功勋大臣及臣服于商王朝的附庸部落，依据其社会地位，也被封赐相应的侯国、采邑。因而商代的姓氏较夏代大为增多，史称商代有“八百诸侯”。见于《史记·殷本纪》和《世本》等文献记载的姓氏有十余个。如殷氏、来氏、宋氏、稚氏、时氏、萧氏、黎氏、空相氏、北殷氏、目夷氏、崇氏、周氏、杞氏、耿氏、微氏、箕氏、阮氏等，皆是以国为氏，至今有相当一部分仍在沿用。在出土的殷墟卜辞中，有多处出现了“王族”、“子族”、“三族”、“五族”的词语。在《尚书·盘庚》中，将殷商贵族大姓总称为“百姓”。此处的“百姓”二字，是氏族社会时期“禅让”制度流传下的大族旧姓，与万民相对，原意是指有一定社会地位，被王室“胙土命氏”的贵族阶层。之后，随着社会历史的发展和朝代的更迭，这些贵族阶层失去了原有的封邑和地位，沦为普通庶民，但却保留了原有的姓氏，成为当今姓氏的重要来源，也是后世历代庶民统称为“百姓”的典故。

西周初年的封邦建国、“胙土命氏”是中国历史上封国最多、“命氏”最广、对姓氏发展影响最大的政治措施。周武王灭商之后，首先对商王朝的部落、属国、附庸国进行了大规模的调整、撤换、改组，分封了一批周王室宗室子弟和开国功臣在商王旧地建藩立国，在成王继位和周公旦辅政期间，又继续“胙土命氏”，立国封侯，建立了一套完整的列爵、封土、建国、命氏的封建宗法制度。

据史书所载，周朝共灭商朝属国99个，降服652个小国，从而为周初大分封提供了广阔的土地。这种大分封举措，对于商朝原始小邦林立的格局，含有统天下于一尊的意义，显然是社会发展的一大进步。而大分封的结果，必然导致大批“氏”的产生。周朝成为“氏”产生最多的时期，尤其春秋时期，激烈的诸侯兼并为姓氏的发展演变提供了特定的条件，是中华姓氏史上最重要的发展时期。

周初的“胙土命氏”、封邦建国与等级森严的宗法制度紧密相连。宗法制度是以血缘关系为基础、以宗族组织为核心、识别宗支派别、区分尊卑长幼、规定继承秩序、明确义务和权利的法规礼制。宗法制度由父系氏族社会的家长制演变而来，经夏、商两代的发展，到西周初年基本确立。其主要特点是以“嫡长子继承权”为核心，严格区分庶嫡，确立大宗、小宗。其政权形式则是“宗君合一，家国同构”。周天子被视为上天的嫡长子（天子），上天赐给他土地和臣民，拥有分封赏赐土地臣民的绝对权威。据史书记载，周初先后分封诸侯国71国，其中同姓（姬姓）诸侯40国，异姓诸侯31国。这些受封的诸侯尊奉周天子为“大宗”，为天下共主。各诸侯以封国为“氏”，形成新的氏族。各诸侯又在自己国土内分封采地、食邑给同姓或异姓的卿大夫，卿大夫尊奉国君为宗主，并在自己的采邑封地内再次分给同姓或异姓士人。卿士、大夫也以邑、以地为氏，衍生出新的氏族。这样自上而下一层一层地分封，一姓所出的支系越来越多，越来越细，新的氏族也就越来越多。如周天子所封同姓诸侯都是姬姓，但因封国有鲁、郑、卫、晋、吴、虞、霍、虢、管、蔡、巴、随之别，40个同为姬姓的诸侯，就演变为40个新的氏号，而这些获得封国和氏号的诸侯，再次分封，又衍生出新的氏族。如鲁国公姬旦的几个儿子，又分为蒋、凡、邢、茅、胙、祭等若干小国，其公族、支裔衍生的姓氏达91个之多；再如，周宣王时，封其弟姬友于郑国，其后裔衍发达107个姓氏。

周代的“胙土命氏”、逐级分封严格遵循了以嫡长子继承权为核心的封建宗法制原则，即“别子为祖，继别为宗”。具体来讲，就是王室、诸侯的嫡长子有权继承父亲为王、为君；王室、国君的庶子，也称“别子”，无权继承王位、君位，但有分封的权利，需分给一定的食邑、采地，自成系统，通过“胙土命氏”的方式，成为新的氏族，别子就成为这一新的氏族的开派之祖（得姓受氏之祖），即“别子为祖”。别子的嫡长子继承新家族的权位成为这一新的家族的大宗，就是“继别为宗”。这就是后世“祖”、“宗”二字的来历和内涵。

在这种宗法制度下，天子等级最高，可用其王朝的称号为氏。如周天子及其嫡派子孙即以周为氏；而诸侯国则以其封国为氏，如：晋、鲁、齐、燕、郑、吴等；卿大夫以封邑为“氏”，如原氏、薛氏、杨氏等；效力于王室公族的职业技人等则以技为“氏”，如车氏、屠氏、陶氏等。由于“命氏”由上而下出自帝王、君侯所赐，能够“封土命氏”的，都是贵族诸侯，即使以职业技艺命氏的“百工”，也不是一般平民、贱奴，而是管理平民奴隶的“工长”、管事。由于“氏”可以表明出身家世和社会地位，是贵族特有的标志和尊号，所以“氏”有强烈的“氏明贵贱”的社会功能。在封建宗法制度下，氏族成为周王朝最基本的政治组织形式，其存在、发展、演变、衰落的过程，极其生动地反映了当时社会政治、经济、军事、文化等各个方面的状况，氏族研究在某种意义上是认识和研究先秦史的重要依据。

这样，由“胙土命氏”的封建宗法制度逐渐取代了氏族社会单纯的血缘氏族制度，氏族习俗则被提取、转化、升华为系统的理论化、法制化的文化形态和宗法制度。由远古父系氏族社会中的族长制，演变为夏、商、西周的封建宗法制，标志着姓氏文化的萌芽和形成。

知识链接

“华夏”、“夏”的称谓的由来

我们所说的“中国”，是指“夏”。“夏”即是“汉”（见《说文》），这就是“汉族”的“汉”字的源头。汉口又称汉水，汉水又称夏水。“夏”是中国最早的一个朝代，周人以夏的继承者自居。在《尚书》中常有“区夏”、“有夏”、“时夏”之称。周灭商以后，周分封了许多诸侯国。这些诸侯国强大起来之后，也自称“夏”。因为诸侯国不止一个，所以称为“诸夏”。“华”字源自伏羲的母亲华胥之“华”，古音“敷”，“夏”字古音“虎”，比较接近，由于音近衍出“华”来，以便加重语气。这样，“华”逐渐成了与“夏”异名同义的称号，有时称着“诸夏”、“诸华”，有时又称“华夏”。在《尚书》与《左传》均有“华夏”一词。所谓“华夏民族”指汉族，我们一般称为“中华民族”，当然包括其他55个少数民族。

我们可以视“华夏”的“华”为国之“姓”，视“夏”为国之“氏”。我们俗称王氏先生，为“王先生”；或李先生、张先生，在远古时代，女子称姓，男子称氏，“氏”成为一个人或一个氏族的称谓。“姓”、“氏”合一是后来的事了。在远古时代，“夏”是古中华民族的称谓，或者说是古中华民族的“氏”。如果说伏羲之母华胥奠基了中国的“华姓”，那么，夏禹就奠基了中华民族的“夏氏”。

古“中国”，即“中原”。《孟子·梁惠王上》说：“莅中国而抚四夷也。”古中国周围有“四夷”，与“中国”共为“天下”，共为中国。所谓“四夷”，指的就是东夷、南蛮、北狄、西戎。在春秋时期，“夷”是古代东部各民族的通称，泛指汉族以外的少数民族。在《说文》中，有“裔不乱华，夷不谋夏”的说法。这说明，不论“夷”也好，不论“蛮”也罢，他们与“夏”本是一家。这些少数民族是由于历史原因所形成的，他们都是中华民族“大家庭”中的成员。

夏王朝的氏族大融合是中国大统一的基石。我们从帝尧高唐氏与帝舜有虞氏的政权班子大禹、皋陶、子契、后稷、伯夷、夔、龙、倕、伯益、彭祖、朱虎、熊罴等看、华夏人大禹做了“水利部长”，东夷人皋陶做了“司法部长”，东夷人子契做了“文教部长”，华夏人后稷做了“农业部长”，东夷人伯夷做了主管典礼祭祀的秩宗，东夷人夔做了负责音乐舞蹈教化的典乐官，东夷人龙做了专门收集百姓意见的纳言官，东夷人倕做了“工业部长”（弓的发明人），东夷人伯益做了“林业部长”，朱虎、熊罴为伯益的助手，等等，从这个庞大的“政府”组阁，可以看出太昊伏羲后裔龙族的大融合。不论从民族融合，还是疆域，还是九州的区域划分，大禹都是中国的奠基人之一。

第四节 “姓”“氏”合一

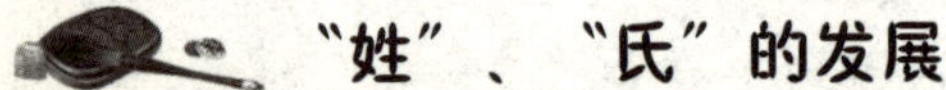

“姓”、“氏”的发展

周王朝末期，周代“礼崩乐坏”，“别贵贱的周代姓氏”只剩余一个空泛的外壳。秦王朝从公元前221—前206年，虽然只有短暂的15年，但却以历史的疯狂加剧了文明的进程，中国“姓”与“氏”合一，结束了只有天子、国君有“姓”、贵族有“氏”，庶民无姓无氏的历史。从此，不论贵贱贫富，天下人人有了姓氏。

周王朝实行同姓封国、功臣封国、“胙土命氏”。礼刑并用，这是皇权王道的中国特色与政治伦理特色。《诗经·小雅·北山》说：“普天之下，莫非王土；率土之滨，莫非王臣。”这里所表达的是周室王权代表国家对于领土的占有。天子占有京畿，诸侯与各级贵族各占有分封的领地。这种占有是天子的占有，诸侯的占有，贵族统治阶级的占有。土地的兼并与私有制的产生，把周王朝的国家文明推向了顶峰。历史规律性盛极必衰当然也适合周王朝。其鼎盛的王朝体系在长期的运转中开始衰败，出现了严重的政治腐败与权力斗争。“礼崩乐坏”，周王朝渐渐削弱。周桓王十二年（公元前708年），周桓王带了军队去讨伐桀骜不驯的郑国，郑伯不仅敢于领兵抗拒，而且打败了王师，并一箭射中了周王的肩膀。这说明周王这时的地位已经严重下降，只是还保存着天下共主的虚名罢了。

周天子空前绝后的权力渐已消失，辖区不过京畿周围一二百平方公里的领地。周王室降到与诸侯国同等的地位，那根维系周王朝“胙土封氏”的血缘宗法纽带渐进松弛、断裂，各路诸侯无视周天子而分庭抗礼，相继僭越为王。那些同姓封国或异姓封国的诸侯，或纵或横联合，历史进入了大兼并、大争霸的春秋战国时代。历史的主角已不是周天子，而是各路诸侯。他们摆脱了王制王权，以自己实力相互征战、称强称霸，发挥了中华民族文明整体

的创新力与核心统治作用，诸侯称霸、私有制与国家权力三者统一发展，社会等级制度从依靠世袭与家族、氏族的背景，向国家文明进一步过渡。在春秋战国500年的战争硝烟里，“田野尽白骨，千里无鸡鸣”。人们为历史的前进付出了昂贵的代价，周王朝一步步走向灭亡。

春秋（公元前770—前476年）末年，天下大乱。春秋初年，大小诸侯国见诸经传的有170余个，然其会盟、征伐事迹彰迹可考者，到了春秋末年只剩余齐、晋、楚、秦、鲁、宋、卫、燕、陈、曹、蔡、郑、吴、越等十数国。据史书记载，春秋242年间，有36名君主被杀，52个诸侯国被灭，有大小战事480多起，诸侯的朝聘和盟会450余次。到了战国（公元前476—前221年）末期，只剩下齐、楚、燕、秦、韩、赵、魏，人称“战国七雄”。整个社会动荡，诸侯国或战，或灭，或动荡不安而四处逃亡，或能逃脱灭亡的命运，自立王侯者，时有所闻；亡国失氏，降为庶人者，屡见不鲜。昔日尊为“姓”者，贵为“氏”者，一旦沦为庶人，哪里还有尊“姓”贵“氏”？

“姓”与“氏”，一者为“姓”，二者为“氏”，“姓”属于天子与“诸侯国君”，“氏”属于贵族。二者实为一，都是少数人，这里忽略了属于庶民百姓的大多数人。庶民百姓既没有“姓”，也没有“氏”。如此这般的“明贵贱”，与伏羲所创造的“正姓氏”实质背道而驰，不能代表大多数人。作为庶民百姓，中国第一个农民起义的领袖陈胜代表庶民百姓首先发难，“王侯将相宁有种乎！”老百姓在争取生存的同时，也要个人人平等的姓氏了。

春秋末年存在的“姓”与“氏”已经被削弱得摇摇欲坠了。这个削弱表现在周室王权的削弱，但不是民族文明的削弱。历史的主角轮番座次，以新代旧，这是一个不可逆转的规律。历史发展到一个新姓氏制度的时期。

中国“姓”、“氏”的合一

贾谊《过秦论》说：“及至始皇，奋六世之余烈，振长策而御于宇内，吞二周而亡诸侯，履至尊而制六合，执敲扑以鞭笞天下，威震四海。……于是废先王之道。”

公元前221年，秦始皇歼灭六国，推翻了周朝的政治制度，建立了专制主义的封建王朝。中国从大分裂，达到了大统一，分久必合，复又一统。这里最典型地体现了中国王道。

秦始皇统一了文字，统一了货币，统一了度量衡。“名不正则言不顺”，

秦始皇更知道“名号”意味政治的意义，明白周代是用“姓”与“氏”这个“工具”统治天下。他说：“天下大定，名号不改，无以称成功传后世。”秦始皇也在名号上做了功夫。

第一，秦始皇虽说在中国历史长河中兼采“三皇”、“五帝”之号，始称“皇帝”，自称“朕”。他首先废除了周代的谥法制度，但是，他的皇帝位可以传给他的儿子，继承者沿称二世皇帝、三世皇帝，以至“以传之万世”。从此，在中国历史上有了“皇帝”的称号。皇帝，成为封建专制政权的最高统治者，独裁政、军、财大权，“天下之事无论大小皆决于上”。

第二，秦始皇虽是短暂的一瞬，但其对中国历史做出了伟大的贡献，不失为一位伟大的帝王。秦始皇废除了周代的“分封制”、“宗法传制”及“公、侯、伯、子、男”五等之爵，在中央设三公九卿组成中央政府。三公是丞相、御史大夫、太尉。丞相是皇帝之下的最高行政长官，辅助皇帝处理全国政务，御史大夫协助丞相工作，并掌管群臣奏章，下达皇帝诏令，监督百官；太尉帮助皇帝掌管军队。三公相互制约，集权于皇帝。三公之下设九卿，即奉常、郎中、卫尉、太仆、廷尉、典客、宗正、治粟内史、少府。三公与九卿一律由皇帝任免、调遣，领取国家俸禄，概不世袭。三公与九卿直接为皇帝负责。这样就从国家机构上废除了周代贵族世袭，形成了一个庞大的封建官僚体系。

第三，秦始皇在制度上废除了周代的“裂土封国”及其封国之下的“国、邑、关、乡、亭”，变“分封制”为“郡县制”。在全国设了40个郡，郡的组织与中央相似，设郡守、郡尉与监御史。郡守为郡的最高行政长官；郡尉掌管军队，并辅助郡守；监御史负责监察。郡下设县，有县令（不满万户的设县长）、县尉与县丞，分别负责政务、军事与司法。郡、县两级主要官吏，由皇帝直接任命。他们是中央在地方的政治代表，不能擅自专权自主，必须对朝廷负责。县下设若干乡，乡下设三老，掌管教化。乡下设亭、里、什、伍等组织，形成了从中央到地方一套完整的王制统治网络，形成了天下大统一的“王道”。

秦始皇实行“三公九卿制”与“郡县制”，是一场大“革命”。朝廷、郡、县、乡，完全不同于周代的分封制，是一个中央集权的政治机构。依行政区的划分，从根本上取代了西周的“分封制”，葬送了西周“分封制”下的血缘世袭制，彻底结束了“赐姓命氏”、“姓氏有别”、“嫡长继承制”、“别子为祖”、“继别为宗”。这是中国王道大统一的最重要体现。

秦废除分封制，这样一来，连皇帝儿子也没有一寸土地，更不要说三公九卿“世袭封国”。在周代，“姓”是天子与诸侯国君的“专利”，“氏”是贵

族少数人“专利”，百姓既没有“姓”，也没有“氏”。像秦朝的丞相李斯，大将白起、王剪等人，原先都是“匹夫编户，知有氏而不知有姓”之人，而今一跃成为新贵，自然不会遵守周代的宗法“姓”、“氏”制度，原先周王朝用来“别贵贱”的“姓”与“氏”，秦法只有与“姓”一样的作用，不过拿来“别血缘”罢了。自秦始皇起，中国的“姓”与“氏”合一使用，“姓”与“氏”通称，“姓”与“氏”相混，“姓”就是“氏”，“氏”就是“姓”，二者合并为“姓氏”。西周以来的氏，例如孔氏、楚氏与齐氏，分别成了孔姓、楚姓与齐姓。

在中国历史上，伴随着吞二周而歼灭六国，一统中国的同时，秦朝对中国的“姓”与“氏”也发动了一场非同寻常的“革命”，促进了中国姓氏的发展：

(1) 结束了伏羲氏以来的“姓”与“氏”两分的状况。

(2) 铲除了“封建制”，实行了“郡县制”，从根本上铲除了“国、邑、关、乡、亭”五等之封的社会基础，废止了“公、侯、伯、子、男”五等之爵，结束了中国历史上长达800年的“裂土分封”的“赐姓命氏”时代。

(3) 结束了西周的“姓”与“氏”两分，“姓”与“氏”合一。

(4) 结束了西周的“以氏为贵”，“以姓氏别贵贱”。自此，不论帝王，贵族、平民，人人有姓，结束了只有贵族有“氏”，平民有“姓”无“氏”的时代。在姓氏面前人人平等了。

(5) 从秦始皇起，“以姓氏别贵贱”完成了历史使命，“姓”“氏”合一使用，西周以来大量的“氏”，直接成为了“姓”。在周代“分封制”的影响下，所产生的1745“氏”，全都变成了“姓氏”。奠定中国的姓氏的基础。从此以后，中国的“姓”就是“氏”，“氏”就是“姓”，或称“姓氏”。

秦始皇统一六国

(6) 从秦始皇起，中国人不论贫贱富贵，人人都有了自己“姓”的权利，子子孙孙能够传承使用。

郑谯在《通志·氏族略》中说：“秦灭六国，姓氏之失，由此始。故楚之子孙可以称楚，亦可称毕。周之子孙周之南君，亦可称姬嘉。又如姚恢改姓为妫，妫皓改姓为姚，兹姓与氏混而为一者也。”

中国“姓”与“氏”合一为“姓氏”的时间，如郑谯所说，始自“秦灭六国”，也就是“姓”与“氏”合一为“姓氏”始于秦朝。这个功劳应当记在秦始皇名下。历史上每一个重大事件的发生，都不是无缘无故地发生，发生有发生的前提与背景，这个背景像五谷成熟一样，不是一朝一夕就能成熟的，而要经过一年半年才能成熟结果。中国的“姓”与“氏”的产生也不容易，合二而一更是不容易，它是历史前进的结果。这个历史的背景或者说历史的原因是：

其一，周王室作为统治阶级工具“姓氏别贵贱”，随着周王朝的灭亡而灭亡。

其二，秦灭六国，天下大统一，新贵新形势下，顺乎历史潮流，弃旧迎新，承上启下。

其三，天下庶民百姓的利益，人人得姓氏的期望与要求的满足。

其四，秦代处于历史大动荡的历史转折时期，历史发展前进。

自秦以后，“姓”与“氏”合一为“姓氏”，“氏”就是“姓”，“姓”就是“氏”，渐渐为一代之制。

秦朝15年而亡天下，历史的存在是短暂的。其灭亡的原因且不必多论，但说起中国的“姓氏”，不少典籍还是提到了秦代，提到了秦始皇始灭六国时“姓”与“氏”合一为“姓氏”，尽管秦始皇名声不好，仍难掩他对中国姓氏的贡献。

秦王朝从公元前221到前206年，虽然只有15年，但急速加剧了历史的进程，促进了“姓”与“氏”合一。从周王朝到秦王朝的亡没，整整800年。其间，是中国“姓”“氏”合一奠基的800年，成为中国后来“姓氏”的滥觞。

周王朝从公元前1046到前256年，近800年间，“裂土分封”“赐姓命氏”1700余个，到了秦代全都变成了“姓氏”。在滚滚的历史车轮里，使中国“姓氏”又前进了一步。

公元前209年，中国第一次农民起义的领袖陈胜、吴广，这两位皆是布衣百姓，但都有了姓氏，陈胜者，姓陈氏；吴广者，姓吴氏。这里说明了两点：

其一，从秦始皇起，“姓”、“氏”已经合一为“姓氏”，“姓氏”已经普

遍使用。

其二，庶民百姓人人都已经有了姓氏。

汉继秦之后普遍使用合一的姓氏，如太史公司马迁在《史记·本纪》中于秦始皇曰："姓赵氏"，于汉高祖则曰："姓刘氏"。

"姓"与"氏"的贵贱区别

自从秦代天下一统以后，废除了"胙土分封"的分封制，实行郡县制；废除了"赐姓命氏"、"别子为宗"，建立了专制的封建王朝。从此，男子称姓氏，妇人称姓氏，三教九流，不分贵贱，不论地位，不讲层次，天下平等，人人都有了姓氏。

远古的"姓"、"氏"，都是人与氏族的代号，是社会组织的一部分，而"氏"另有父系社会的标志之意，属于上层建筑。在中国历史上的远古时代，经历了从太昊伏羲时代到商代，在中国历史长河里，人人平等延缓了4000多年。历史发展到周王朝，"姓"属于周天子与诸侯国君所有，"氏"属于贵族统治阶级所拥有，庶民无"姓"无"氏"。周代的"姓"与"氏"已经成为周代统治阶级用来"别贵贱"的社会统治的工具。作为凝聚民族文明核心力的社会意识形态，当它发展到顶峰的时候，周王朝社会发展到了顶极，盛极必衰，这是历史的规律。随着周代的"礼崩乐坏"与周王室的腐败，且适应不了社会的发展，从周始到春秋末年，整整经历了500年，周王室的"姓氏别贵贱"渐渐退出了历史舞台。就"姓氏"来说，对于统治阶级与被统治阶级、少数人与多数人来说，这是一个不平等的500年。

社会的发展规律是螺旋形、曲折发展，那种人人平等，到了一定时期，还是会出现不平等。社会是一个阴阳的世界，在阴阳中转化，在平等与不平等中交换变化，以获取社会前进发展的太极核心力。这种太极核心力是规律的表现形式，不可逆转。其表现在"姓氏"上，也是如此之规律。

"姓"与"氏"的合一为人人平等的"姓氏"，如果说从春秋末年的前476年算起，历秦的15年，历西汉的226年，到东汉末年的公元220年，其经历了近700年。700年后，"姓氏别贵贱"抬头；1000年后的南北朝时期达到了登峰造极的地步。我们可以看一下历史：

东汉永平年间，樊、郭、阴、马四姓外戚专权，谓之"四大姓"。

东汉末年以来，曹魏以"九品官人法"取官，为"姓氏别贵贱"开了天窗。汉献帝延康元年，设立新官选取制度，以上上、上中、上下、中上、中中、中下、下上、下中、下下九品入士。不久到了曹芳、司马懿当权，于各州设立由世族豪门担任的大中正考品官，以姓氏血缘取官。《晋书·虞预传》记载："余、姚风俗，各有朋党，宗人共荐同姓功曹。"家世宗族相互攀结，不是豪门，不得入官。从中央到地方，莫不如此。上品无寒门，下品无士族。

魏晋六朝时期，南有侨、吴之姓，北有郑、卢之姓，史称"四大贵姓"。

东晋时期，则有王、谢、袁、萧"四大贵姓"，共掌南北政权200余年。

"龙生龙，凤生凤，老鼠生儿会打洞。"这是千百年来庶民百姓对豪门世族只能当官、庶民百姓永远是庶民百姓的愤慨呐喊。历史证明，当"姓氏别贵贱"达到鼎盛极点的时候，上层必然腐败。上层腐败了，就失去了前进的能力，新生就要代替腐朽，社会就要发生变化，历史就要前进；大分裂、战争频繁、社会动荡的年代就要结束，历史就前进了一步。这是历史的经验。

华夏姓氏传承的轨迹

姓氏代表一个氏族、一个民族的血统。中国姓氏产生于三皇之首的太昊伏羲氏时代。在太昊伏羲氏之前，先民们是没有姓氏概念的。自从伏羲正姓氏，人们才有了姓氏的概念。姓氏从产生到发展、完善，以至到今天为人们

走进"姓氏别贵贱"的东汉

所普遍使用，大体经历了6个阶段。

1. 杂婚乱居、无姓无氏的时代

在远古的母系氏族社会，人们是没有姓氏概念的，先民们乱婚杂居，交媾乱伦是普遍的，故人们“只知其母、不知其父，知其爱、不知其礼。”（见《纲鉴易知录》）

2. 族内对偶婚姻的形成和仍旧乱伦的时代

母系氏族社会后期，社会发生了重大变革，母系氏族开始走向衰弱，父系氏族开始显现。人们由乱婚杂居，过渡到无固定配偶的族内杂居，继而又过渡到有相对固定配偶的族内对偶婚。但交媾乱伦仍不可避免，叔与侄女交媾、兄妹交媾、舅与外甥女交媾的现象大量发生。这一时期，母系氏族部落的首领代表是女娲氏，父系氏族部落的首领代表是太昊伏羲氏。这个阶段的人们仍没有姓氏的概念。

3. 太昊伏羲氏制嫁娶、正姓氏的伟大壮举

太昊伏羲氏和女娲氏以惊人的睿智，首先发现了族内婚所生子女的孱弱现象。两位伟大的祖先，首先倡导了由族内对偶婚过渡到族外对偶婚。这是一个具有划时代意义的伟大壮举，这一壮举使先民们逐步远离了愚昧，肇始了远古的文明。为了规范嫁娶，始引发出正姓氏。事实上，在那个时代，姓氏只是一个人的标签或代表符号，有了标签和符号，嫁娶才可以有规则。在远古时代，姓和氏是两个截然不同的概念，姓乃是以女性为传承中心的氏族部落的符号，氏乃是以男性为传承中心的氏族部落的符号，太昊伏羲氏规定：“同姓不同氏，则婚不通；同氏不同姓，则婚通。”（见《通志》）。“以俪皮为礼，能媒妁，以重人伦之本，而民始不渎。”（见《路史》）。太昊伏羲氏给当时尚存在的母系氏族部落定了姓，如妫、姜、嬴、姬、妘、姞、姚等，此称远古8大姓。当然还有很多，只是后来随着母系氏族社会的弱化而被丢舍了，现在只保存了这8个古姓。太昊伏羲氏首先自定风姓，称伏羲氏，并给以男性为传承中心的部落定了氏。他统一了华夏九州，创制了龙的图腾，在古宛丘（今河南省淮阳县）实现了古华夏各部落第一次大结盟。接着，他以龙纪官，自号龙师。并将龙师的首领，以龙为氏，“封春官为青龙氏，夏官为赤龙氏，秋官为白龙氏，冬官为黑龙氏，中官为黄龙氏”（见《纲鉴易知录》）。对属下部族用10种方式定氏。

（1）以居住地的地貌为氏，如姜氏部落、石氏部落、邱氏部落、谷氏部落、沙氏部落、高氏部落、溪氏部落等。

（2）以居住地的植物为氏，如李氏部落、柳氏部落、叶氏部落、葛氏部落、梅氏部落、桑氏部落、花氏部落等。

（3）以动物为氏，如牛氏部落、马氏部落、燕氏部落、鹿氏部落等。

（4）以生活用品为氏，如柴氏部落、盂氏部落、陶氏部落等。

（5）以天地方位为氏，如东氏部落、南氏部落、左氏部落等。

（6）以天象变化为氏，如雷氏部落、云氏部落、雪氏部落等。

（7）以色彩感觉为氏，如白氏部落、蓝氏部落、黄氏部落等。

（8）以身体感受为氏，如冷氏部落、热氏部落等。

（9）以技艺为氏，如庖氏部落、卜氏部落等。

（10）以排行次第为氏，如仲氏部落、季氏部落等。

这些氏族部落，是姓氏的最初萌芽和起始。从这时起，人们才有了姓氏的概念。随着时代的发展，部落的氏也就演化为每一个人的氏，并世代传承。很多姓氏传承至今。

4. 姓的概念弱化，以氏为主的时代

从炎黄时代到颛顼、帝喾、尧、舜、禹这样一个漫长的年代，整个社会已完全过渡到了父系氏族社会。姓的概念被弱化，男子成为每个部落的主宰。反映在姓氏上则以氏为主，如神农氏、轩辕氏、高辛氏、金天氏等。黄帝、颛顼、帝喾、尧、舜、禹都有很多子孙，往往被派往某一部落去主宰那里的事务，这位主宰者就以那个部落已有的氏为自己的姓氏。如炎帝之子雷被派往方山部落而称作方雷氏，以后演化为方氏和雷氏；黄帝之子禹阳被派往任地，就以任为氏；帝喾有个孙子叫玄元，被派往中路部落称中路氏。

5. 姓氏合一，现代姓氏大量产生的时代

随着母系社会的不复存在和奴隶制社会的巩固和发展，从夏开始，历经商周到春秋战国时期，姓氏已完全合为一体，不再是两个概念，而演变为现代姓氏的含义。现今大家普遍采用的姓氏绝大部分产生于这一时期，许多个体姓氏的开基始祖也产生于这一时期。这一时期姓氏传承的途径，可以说多种多样。但主要有以下 5 种形式：

（1）由远古的世代传承。太昊伏羲氏确定各氏族部落的名称之后，这些部落的称谓逐步演化为部落子民的姓氏，并世代相传，繁衍生息。到了夏商

周时代或更早些的上古时代，某氏族中突然出现一位声名显赫的人物，并有典籍可查，于是其后裔就尊这位声名显赫的人物为始祖，很多姓氏传承至今。这一类姓氏有风姓、姚姓、姜姓、姬姓、邱氏、高氏、龙氏、包氏、鲍氏、庖氏、东氏、左氏、艾氏、冷氏、涂氏、仲氏、奚氏、车氏、关氏、褚氏、殷氏、卜氏、严氏、孟氏、常氏、郝氏、金氏、秦氏、任氏、杜氏、傅氏、伏氏、典氏、皇氏、陵氏、须氏等大约40多个。如仲氏，帝喾时有8个贤人，史称“八元”，“八元”中有仲熊、仲堪兄弟。仲氏以仲熊、仲堪为开基始祖。再如关氏，史载，夏桀王时，大臣中有个叫关龙逄的，因对夏桀王荒淫无道不满而被杀害。关氏就尊关龙逄为开基始祖。

（2）以国为氏。从夏商开始，夏商王朝就封一些公族、贵族为诸侯。周武王灭纣以后，建立大周王朝，封公族和建有功绩的将领、贵族为诸侯，建立起大大小小的诸侯国上百个。这些诸侯国的前身就是太昊伏羲氏时代所确定的某氏族部落，这些诸侯国的公族和当地子民的姓氏融为一体，以国为氏。如周武王封纣王庶兄微子启于宋地，建立宋国，其后代以宋为氏而丢舍了原商王族的子姓；再如胡公满被封在陈地，建立陈国，其后代以国为氏称陈氏，不再使用原来的妫姓；周宣王之子被封在杨地，建立杨国，其后代以杨为氏，而丢舍了原大周公族的姬姓。这一时期产生的以国为氏的姓氏有：陈、杨、赵、黄、吴、徐、朱、罗、梁、韩、唐、冯、于、肖、程、曹、邓、沈、许、曾、彭、吕、苏、蒋、蔡、魏、贾、项、楚等70多个。

（3）以封邑地为氏。春秋战国时期一些诸侯国的君主，又封一些公族和大夫到某地，称食采邑。这些邑地的前身也是太昊伏羲氏时代所确定的某氏族部落，这些食邑地的公族就和当地子民原有的姓氏融为一体，以邑地为氏。如鲁成公封其儿子于汪邑，其后代以汪为氏；再如，齐太公之孙季子食采于崔邑，季子便以邑为氏，称崔氏。以邑为氏者，还有白氏、苗氏、柳氏、华氏、叶氏、范氏等20多个。

（4）以名、字、官、谥号为氏。如秦国宰相由余的后代以其名字为氏，称余氏。春秋时任宋国大司马的宋嘉字孔父，史称孔父嘉，其后代以其字为氏称孔氏。周朝时钱府大夫的后代以官名为氏，称钱氏。春秋时宋庄公的后代以庄公的谥号为氏，称庄氏。宋戴公后代一支以戴为氏。

（5）王室赐氏。赐氏在远古时代就有，相传张氏始祖张挥系颛顼帝时期的观察星象的星官，他发明了弓箭以猎取鸟兽，被授于弓正，赐为张氏。比干是纣王的叔父，因劝谏纣王被害，比干夫人怀着身孕逃亡至密林中，生下一子取名坚，周武王灭纣后，赐比干的儿子为林氏，林坚成为林氏的开基始祖。

6. 秦汉以后改姓、变姓和赐姓

秦汉以后，姓氏已基本固定，但改姓、变姓和赐姓的事情仍经常发生。如东汉时汉明帝刘庄下诏书将所有的庄氏改为严氏；三国时孙权改犯有罪过的公族孙匡为丁匡，成为丁氏的一支；五代时因闽王王审知的审与沈同音，就将沈字去掉水字旁，改作尤氏。北魏时孝文帝迁都洛阳后，赐鲜卑族很多汉族姓氏，如改屈突氏、屈易氏为屈氏，改解批氏为解氏。清代满八旗入主中原后，也有很多改为汉族姓氏的。如宁佳氏改为宁氏，恭佳氏改为宫氏。另外，汉代赐不少功臣为刘氏，唐代赐不少功臣为李氏，宋代赐不少功臣为赵氏。

第二章

《百家姓》与姓氏趣谈

姓是一个人家族系统的血缘符号。通过这个符号，每个人都可以把自己同历史文化联系起来。关于中国姓氏，人们最熟悉的莫过于《百家姓》。另外，少数民族的姓氏也具有独特之处。

第一节 新旧《百家姓》

最能说明姓氏贵贱，而且一直流传至今、影响深远的姓氏书，要数宋代编撰的《百家姓》。《百家姓》的前八姓氏为“赵钱孙李，周吴郑王”。赵姓为皇族姓氏，自然位列百家姓榜首，钱姓为吴越王之姓，其他六姓皆为后宫外戚之姓。

《百家姓》并非就是一百个姓，而是多达四五百个之多，“百家”是取其整数，是习惯称谓，本义是指士族，泛指天下诸姓，体现了古人的尊卑观念。

旧版《百家姓》

1. 赵钱孙李，周吴郑王

提到“赵钱孙李，周吴郑王”，凡是中国人，都知道是《百家姓》的开篇之句。而只要是炎黄子孙，无论是生活在国内，还是侨居海外，没有不知道《百家姓》的。这本薄薄的小册子，连同《三字经》、《千字文》、《千家诗》等中国传统文化启蒙读物一起，深深地影响了一代又一代的中国人。“赵钱孙李，周吴郑王”，中国人也正是在朗读《百家姓》的过程中，了解到丰富多彩的姓氏，并产生出寻根究姓的兴致。那么，《百家姓》为何要以“赵钱孙李，周吴郑王”这八个姓氏开头呢？

据专家考证，《百家姓》成书于北宋初年，作者是一位“钱塘老儒”。钱塘即今浙江杭州。这位老儒生是吴越国钱塘人，而吴越国在宋朝建立以后还存在了十几年。北宋皇帝姓赵，系当朝国姓，故列百家姓之首；钱系五代时在浙江建立吴越国的国主钱谬之姓，赵匡胤统一天下，吴越国则归附大宋王朝，故列第二；孙为吴越王钱俶正妃之姓；李指十代时南唐国主李氏，李也是当时的江南大姓望族；而周、吴、郑、王四姓，都是吴越自钱镠开国以后

历代后妃之姓，帝后一家，同为皇室。

但民间却对《百家姓》以“赵钱孙李，周吴郑王”开头有另一种说法。《百家姓》成书于北宋初年，故以皇帝的赵姓为首，这一点是一致的。赵宋皇帝贵为天子，必然富甲天下，有钱才算富，于是就把钱姓排为第二。古代帝王传位必传于子孙，而历朝国运昌盛者莫过于李唐（李渊建立的唐朝），因此就把“孙”、“李”两姓列为第三、第四。赵宋天下是在五代后周无存、政权灭亡（周无政亡）之后建立的，由于“无、政、亡”三字基本不作姓氏（亡），或者以其作为姓氏的人极少（无、政），遂以谐音而又是常见的“吴、郑、王”三姓代替。由此看来，《百家姓》开头的这8个姓实在是选得精妙至极。但更妙的还在于“李”字。李由“十、八、了、一”4字组成。北宋从宋太祖赵匡胤至宋钦宗赵桓，共九代皇帝；南宋从宋高宗赵构至末代宋帝赵昺也传九代，加起来正好是十八代。“了一”即“了矣”，就是“完了”的意思，预示赵宋国祚传十八代就完了。这种说法虽为好事者所附会，但仔细玩味，也颇有意思。有人更以编写这本《百家姓》的钱塘老儒早已得“未来学”、“预测学”之真谛而大做文章，目下多种研究此等学问之专著，如《周易预测学》、《最新未来学》等均收入了这个“案例”，实在显得有些荒唐。

2.《百家姓》收录有多少姓氏

《百家姓》并不是仅收有100个姓氏，起初，《百家姓》收有410个姓氏，历元、明、清三代，又出现了多个《百家姓》版本，最常见的版本有568字，其中单字姓447个（家姓出现两次），双字姓60个，最末一句是“第五言福，百家姓续”，第五是复姓，言、福、百、家、姓、续都是单姓。《百家姓》采用四言体例，句句押韵，虽然它的内容没有文理，但读来顺口，易学好记，与《三字经》、《千字文》相配合，成为我国古代儿童读物的固定教材。《百家姓》中，除前几个姓氏外，其他姓氏在排名上并无规律可循，与各姓氏的人口多少也没有必然联系。

宋代钱塘老儒所编旧《百家姓》常用版本为568字，共507个姓，其中复姓60个，单姓447个。

1 ~96：

赵钱孙李周吴郑王　冯陈褚卫蒋沈韩杨
朱秦尤许何吕施张　孔曹严华金魏陶姜
戚谢邹喻柏水窦章　云苏潘葛奚范彭郎
鲁韦昌马苗凤花方　俞任袁柳酆鲍史唐
费廉岑薛雷贺倪汤　滕殷罗毕郝邬安常

乐于时傅皮卞齐康　伍余元卜顾孟平黄

97～192：

和穆萧尹姚邵湛汪　祁毛禹狄米贝明臧
计伏成戴谈宋茅庞　熊纪舒屈项祝董梁
杜阮蓝闵席季麻强　贾路娄危江童颜郭
梅盛林刁钟徐丘骆　高夏蔡田樊胡凌霍
虞万支柯昝管卢莫　经房裘缪干解应宗
丁宣贲邓郁单杭洪　包诸左石崔吉钮龚

193～288：

程嵇邢滑裴陆荣翁　荀羊於惠甄麴家封
芮羿储靳汲邴糜松　井段富巫乌焦巴弓
牧隗山谷车侯宓蓬　全郗班仰秋仲伊宫
宁仇栾暴甘钭厉戎　祖武符刘景詹束龙
叶幸司韶郜黎蓟薄　印宿白怀蒲邰从鄂
索咸籍赖卓蔺屠蒙　池乔阴郁胥能苍双

289～384：

闻莘党翟谭贡劳逢　姬申扶堵冉宰郦雍
郤璩桑桂濮牛寿通　边扈燕冀郏浦尚农
温别庄晏柴瞿阎充　慕连茹习宦艾鱼容
向古易慎戈廖庾终　暨居衡步都耿满弘
匡国文寇广禄阙东　欧殳沃利蔚越夔隆
师巩厍聂晁勾敖融　冷訾辛阚那简饶空

385～445：

曾毋沙乜养鞠须丰　巢关蒯相查后荆红
游竺权逯盖益桓公　万俟司马上官欧阳
夏侯诸葛闻人东方　赫连皇甫尉迟公羊
澹台公冶宗政濮阳　淳于单于太叔申屠
公孙仲孙轩辕令狐　钟离宇文长孙慕容
鲜于闾丘司徒司空　亓官司寇仉督子车

446～507：

颛孙端木巫马公西　漆雕乐正壤驷公良
拓跋夹谷宰父穀梁　晋楚阎法汝鄢涂钦
段干百里东郭南门　呼延归海羊舌微生
岳帅缑亢况后有琴　梁丘左丘东门西门

商年佘佴伯赏南宫　墨哈谯笪年爱阳佟

第五言福百家姓续

关于上述《百家姓》收录有多少个姓氏，还有504个、508个之说。504姓之说是没有把最后一句“百家姓续”中包含的姓氏计算在内。百、家、姓、续都可作为姓氏，但“家”姓在前面已经出现过，即“荀羊於惠甄麴家封”；“百”字虽然也出现过，但此字与“里”字相连，指复姓“百里”，即“段干百里东郭南门”。因此，504个姓再加上“百、姓、续”这3个姓，正好是507个姓。至于508姓之说是没有把重复的“家”姓去掉。

1987年版《百家姓》

20世纪80年代，电子计算机的逐渐普及为我国当代各姓人口的统计带来了方便。1987—1989年，中国科学院遗传研究所、国家语言工作委员会文字处、中国文字改革委员会根据1982年全国人口普查资料，分别进行抽样统计，其结果大同小异，前10个大姓都是“李王张刘陈杨赵黄周吴”，只是排列顺序有所不同。如国家语言工作委员会文字处对1982年全国人口普查中57万多人的姓氏情况进行分析统计，前10大姓是：王李张刘陈杨周黄赵吴。中国文字改革委员会进行姓氏普查的结果，前10大姓为：王陈李张刘杨黄吴林周。

在这三种抽样统计中，以中国科学院遗传研究所的抽查影响最大，当时被称为新《百家姓》。它根据国家统计局提供的1982年全国人口普查0.05%随机抽样资料（57万余人），以及1970年台湾省人口状况，按人数多少排列出了中国最常见的100个汉族姓氏，这100个汉族大姓是：

李王张刘陈杨赵黄周吴　徐孙胡朱高林何郭马罗

梁宋郑谢韩唐冯于董萧　程曹袁邓许傅沈曾彭吕

苏卢蒋蔡贾丁魏薛叶阎　余潘杜戴夏钟汪田任姜

范方石姚谭廖邹熊金陆　郝孔白崔康毛邱秦江史

顾侯邵孟龙万段雷钱汤　尹黎易常武乔贺赖龚文

这100个姓氏共占全国人口的87%，其中前5大姓李、王、张、刘、陈分别占汉族人口的7.9%、7.4%、7.1%、5.4%、4.5%。列在5大姓之后的杨、赵、黄、周、吴、徐、孙、胡、朱、高、林、何、郭、马这14姓的人口也都占全国人口的1%以上。这19个大姓的人口，约占全国人口的55.6%。加上排名：101～120位的庞、樊、兰、殷、施、陶、洪、翟、安、颜、倪、严、牛、温、芦、季、俞、章、鲁、葛这20个姓氏，全国有超过90%的人使用上述120个姓氏。

2006年版《百家姓》

在国家自然科学基金姓氏研究项目的支持下，中国科学院遗传与发育生物学研究所和深圳市鼎昌实业有限公司历时2年对中国姓氏进行了一次大规模调查，调查结果显示，虽然占总人口的比例有所下降，但是李、王、张继续位列姓氏前3名。

调查负责人、中国科学院遗传与发育生物学研究所袁义达研究员说，2年的调查涉及全国1110个县，得到了2.96亿人口的数据，共获得姓氏4100个。

调查结果表明，在调查的4100个姓氏中，位列前三位的李、王、张，分别占我国总人口比例的7.4%、7.2%和6.8%，3大姓氏总人口均不超过1亿人；占我国总人口比例1%以上的姓氏有18个，占人口比例0.1%以上的姓氏共129个，而这129个姓氏的人口约占我国总人口的87%。而袁义达等人在1987年公布的数据：全国最大的3个姓氏是李、王、张，分别占总人口的7.9%、7.4%和7.1%。

袁义达说，与20年前的调查相比，这次调查的样本更大，涉及中国近40%的县，而且几乎都是使用汉字姓的地区，调查结果也更接近中国人姓氏的分布现状。如李姓作为第一大姓，之所以比例从7.9%降到目前的7.4%，是因为原来样本数只有57万，而现在达到了将近3个亿。尤其是中国前300个常见姓氏的数据和分布地区，对于研究中国人Y染色体多样性、疾病的分布、汉民族的源和流以及其他学科领域，都有可能提供新的线索和参考，具有极高的研究价值和实际应用价值。

中国姓氏图腾

2006年版的《百家姓》出炉后，取代1987年版的《百家姓》，被称为新《百家姓》。这100大姓的排列顺序如下：

李王张刘陈杨黄赵周吴　徐孙朱马胡郭林何高梁

郑罗宋谢唐韩曹许邓萧　冯曾程蔡彭

潘袁于董余

苏叶吕魏蒋田杜丁沈姜　范江傅钟卢汪戴崔任陆

廖姚方金邱夏谭韦贾邹　石熊孟秦阎薛侯雷白龙

段郝孔邵史毛常万顾赖　武康贺严尹钱施牛洪龚

2007 年版《百家姓》

2007 年 4 月，公安部治安管理局根据对全国户籍人口的一项统计分析，排出了新的《百家姓》，统计结果显示：

姓氏人口总数在 2000 万人以上的姓有 10 个，依次为：王、李、张、刘、陈、杨、黄、赵、吴、周。其中，王姓是我国第一大姓，有 9288.1 万人，占全国人口总数的 7.25%；第二大姓是李，有 9207.4 万人，占全国人口总数的 7.19%；第三位是张姓，有 8750.2 万人，占全国人口总数的 6.83%。

姓氏人口少于 2000 万人多于 1000 万人的姓氏有 12 个，依次是：徐、孙、马、朱、胡、郭、何、高、林、罗、郑、梁。

在各个省市，每个大姓人口的比例并不均衡。下面是全国 25 个大中城市的前十大姓：

北京：王、张、李、刘、赵、杨、陈、孙、马、高。

上海：张、王、陈、李、朱、徐、周、沈、吴、陆。

天津：王、张、李、刘、杨、赵、陈、孙、高、马。

南京：王、张、陈、李、刘、杨、周、徐、朱、吴。

广州：陈、黄、李、梁、刘、张、何、吴、王、林。

泉州：陈、林、黄、王、李、吴、张、郑、蔡、苏。

郑州：王、李、张、刘、赵、陈、杨、郭、孙、马。

长沙：李、刘、张、陈、周、王、黄、杨、彭、罗。

太原：王、张、李、刘、赵、郭、杨、陈、武、高。

济南：王、张、李、刘、赵、孙、杨、陈、马、徐。

中山：梁、黄、陈、吴、李、林、何、冯、刘、杨。

莆田：陈、林、黄、郑、吴、张、李、杨、刘、蔡。

福州：林、陈、黄、郑、王、张、李、吴、刘、杨。

杭州：王、陈、张、徐、李、沈、周、吴、朱、方。

石家庄：张、王、李、刘、赵、杨、高、陈、马、郭。

哈尔滨：王、张、李、刘、赵、孙、杨、陈、于、徐。

成都：李、张、王、刘、陈、杨、周、黄、罗、吴。

贵阳：王、李、陈、张、杨、刘、周、罗、吴、黄。

昆明：李、张、杨、王、陈、刘、赵、马、周、吴。

南宁：黄、李、梁、韦、陈、陆、杨、刘、卢、张。

海口：陈、王、吴、林、李、黄、张、符、周、梁。

呼和浩特：张、王、李、刘、赵、杨、郭、陈、高、马。

西安：王、张、李、刘、杨、赵、陈、马、郭、高。

兰州：王、张、李、刘、杨、马、陈、赵、魏、周。

西宁：马、李、张、王、刘、赵、杨、陈、韩、祁。

从中可以看出，一方面，王、张、李、陈是全国性的大姓，在几乎所有城市都排入前十；另一方面，南北城市的人口姓氏分布差异较大，上海有较多朱、周、徐、吴姓的人口，北京则赵、孙、马、高姓人口较多，广州更是表现出完全不同的排名，黄、梁、何、林姓人口所占比例较大。

2007年版《百家姓》还存在一个问题，在这个《百家姓》中，有肖姓而没有萧姓，有闫姓而没有阎姓，有付姓而没有傅姓。但在1987年中国科学院遗传研究所统计的《百家姓》和2006年版《百家姓》这两种得到更多人认同的新《百家姓》中，前100大姓都有萧姓、傅姓和阎姓，而没有肖姓、付姓和闫姓。这几个姓氏，“肖”是“萧”的俗写，“闫”是“阎”的简写（古时并无“闫”姓而有“閆”姓，为“阎”氏别支，但“阎”不能简化为“閆”，更不能简化为“闫”，今人为了方便，把“阎”写为“闫”，这是不对的），“付”是“傅”的简写（“傅”与“付”本为两个源与流都不同的姓氏，“付”姓在古代是较为罕见的姓氏，今人为了方便，把“傅”写为“付”，这是错误的），这是一般人的理解，发布2007年新《百家姓》的公安部对此也没有解释。公安部是把肖姓和萧姓、闫姓和阎姓、付姓和傅姓作为一个姓氏统计，还是分为两个姓氏分开统计，我们并不清楚。

知识链接

2013年最新百家姓新排行

01李　02王　03张　04刘　05陈　06杨　07赵　08黄　09周　10吴
11徐　12孙　13胡　14朱　15高　16林　17何　18郭　19马　20罗

21 梁 22 宋 23 郑 24 谢 25 韩 26 唐 27 冯 28 于 29 董 30 萧
31 程 32 曹 33 袁 34 邓 35 许 36 傅 37 沈 38 曾 39 彭 40 吕
41 苏 42 卢 43 蒋 44 蔡 45 贾 46 丁 47 林 48 薛 49 叶 50 阎
51 余 52 潘 53 杜 54 戴 55 夏 56 钟 57 汪 58 田 59 任 60 姜
61 范 62 方 63 石 64 姚 65 谭 66 廖 67 邹 68 熊 69 金 70 陆
71 郝 72 孔 73 白 74 崔 75 康 76 毛 77 邱 78 秦 79 江 80 史
81 顾 82 侯 83 邵 84 孟 85 龙 86 万 87 段 88 雷 89 钱 90 汤
91 尹 92 黎 93 易 94 常 95 武 96 乔 97 贺 98 赖 99 龚 100 文
101 庞 102 樊 103 兰 104 殷 105 施 106 陶 107 洪 108 翟 109 安
110 颜 111 倪 112 严 113 牛 114 温 115 芦 116 季 117 俞 118 章
119 鲁 120 葛 121 伍 122 韦 123 申 124 尤 125 毕 126 聂 127 丛
128 焦 129 向 130 柳 131 邢 132 路 133 岳 134 齐 135 沿 136 梅
137 莫 138 庄 139 辛 140 管 141 祝 142 左 143 涂 144 谷 145 祁
146 时 147 舒 148 耿 149 牟 150 卜 151 路 152 詹 153 关 154 苗
155 凌 156 费 157 纪 158 靳 159 盛 160 童 161 欧 162 甄 164 曲
165 成 166 游 167 阳 168 裴 169 席 170 卫 171 查 172 屈 173 鲍
174 位 175 覃 176 霍 177 翁 178 隋 179 植 180 甘 181 景 182 薄
183 单 184 包 185 司 186 柏 187 宁 188 柯 189 阮 190 桂 191 闵
192 欧阳 193 解 194 强 195 柴 196 华 197 车 198 冉 199 房 200 边
201 辜 202 吉 203 饶 204 刁 205 瞿 206 戚 207 丘 208 古 209 米
210 池 211 滕 212 晋 213 苑 214 邬 215 臧 216 畅 217 宫 218 来
219 嵺 220 苟 221 全 222 褚 223 廉 224 简 225 娄 226 盖 227 符
228 奚 229 木 230 穆 231 党 232 燕 233 郎 234 邸 235 冀 236 谈
237 姬 238 屠 239 连 240 郜 241 晏 242 栾 243 郁 244 商 245 蒙
246 计 247 喻 248 揭 249 窦 250 迟 251 宇 252 敖 253 糜 254 鄢
255 冷 256 卓 257 花 258 仇 259 艾 260 蓝 261 都 262 巩 263 稽
264 井 265 练 266 仲 267 乐 268 虞 269 卞 270 封 271 竺 272 冼
273 原 274 官 275 衣 276 楚 277 佟 278 栗 279 匡 280 宗 281 应
282 台 283 巫 284 鞠 285 僧 286 桑 287 荆 288 谌 289 银 290 扬
291 明 292 沙 293 薄 294 伏 295 岑 296 习 297 胥 298 保 299 和
300 蔺

第二节 姓氏趣谈

千奇百怪的姓氏

中国人有姓狼的、姓狗的、姓驴的、姓鳖的、姓蛇的；还有姓“秃发”的、姓“困没长”的、姓“自死独膊”的……不管你信不信，反正是古书上清清楚楚写着的。狼，是先零羌、南夷、镁卑姓氏，同时在汉族姓氏中也占有一席之地。汉朝有个狗未央，是个挺有名的人物，说明秦、汉时有狗氏。出自河北的驴氏，是元朝一个名叫“狗驴买驴”的人的后代，楚国人开明，传说有一名鳖灵，在古蜀国任相，后受国王望帝禅让而为国王，其后有鳖氏。齐国公族有蛇丘氏，后有一支省文为蛇氏。鲜卑人称被子盖着为“秃发”。于是“秃发”就成了他儿子的姓氏。困没长是唐代骠国国王的姓。自死独膊是北魏时代北鲜卑族的四字姓。这只是几个例子，已令人觉得稀怪，甚至不可思议，但还远远算不上“千奇百怪”。如果把中国人从古至今使用过的数以万计的姓氏进行一番梳理，从不同角度加以组合，再连缀成篇，那才真可谓形形色色、五花八门、无奇不有。

比如：第一、第二……等表示次序的数叫“序数”，有的竟是姓氏；一、二、三、四……是表示数目的词，也是姓氏；春、夏、秋、冬、年、月、日、时等表示时令时间的词，也都是姓氏；表示家族或亲戚关系的父、母、兄、弟、姐、妹、伯、叔、姑、舅等都是姓氏；人称代词我、你、他、她都是姓氏；将军、冠军、牧师等称号都是姓氏；许多国家名称、市县名称、民族名称都是姓氏；许多动物、植物的名称都是姓氏；各个朝代名称、各种职业名称、各种气象名称、各种颜色都是姓氏；各省、自治区、直辖市的简称都是姓氏；就连男、女、老、少、衣、食、住、行也都是姓氏；甚至像“吉祥如意”、“恭喜发财”等成语拆开来，每个字都是姓氏；而最有趣的莫过于“姓氏”一词，因为“姓”是个姓氏，“氏”也是个姓氏。

干支22字都是姓

干支是天干和地支的合称。天干由10个字组成，即甲、乙、丙、丁、戊、己、庚、辛、壬、癸，故也叫“十干”；地支由12个字组成，即子、丑、寅、卯、辰、己、午、未、申、酉、戌、亥，故叫“十二支”。这些字都是传统用作表示次序的符号。古人拿十干的“甲、丙、戊、庚、壬”和十二支的“子、寅、辰、午、申、戌”相配，十干的“乙、丁、己、辛、癸”和十二支的“丑、卯、巳、未、酉、亥”相配，共配成甲子、乙丑、丙寅……等60组，常叫做“六十花甲子”，用来表示年、月、日和时的次序，周而复始，循环使用；直到现在，农历的年份仍用干支。

天干和地支共22字，这22个字都是姓氏，各有来历。除丁氏、辛氏、申氏为常见姓外，其他姓各有来历，现择其要者介绍一下：

甲氏有两支：一支是商朝第三代国王太甲的后代；一支是春秋时郑国大夫石甲父的后代，都是以祖上的名字为姓氏的。

乙氏也有两支：一支是商朝开国君主汤的子孙以他的字（天乙）为氏形成的；一支形成于洛阳，是北魏考文帝将鲜卑族的乙弗氏改为乙氏。

丙氏是个古老的姓氏，相传炎帝有臣叫丙封，为丙姓之始；到了春秋时代，齐懿公有臣叫丙茂，丙茂的子孙以他的名字为姓氏，又形成一支丙氏。

戊氏来源有二，分别为商王太戊和晋公族之后。

巳姓也是个古老的姓氏，为黄帝25个儿子所得12姓之一。

庚氏一是西周时小郛国国君的后代，一支出自地名“庾宗”，是用地名作为姓氏的。

壬氏、癸氏都是吕尚（姜子牙）的后代。

子氏出自商部落始祖契，相传其母简狄吞玄鸟卵怀孕而生他，因姓子氏。

卯氏出自楚国公族的姓。

辰氏有两支：一支是西周蔡国国王蔡仲的后代；一支为北魏鲜卑族的三字姓辟历辰氏所改。

午氏为楚国公子午的后代，系以祖字为姓氏的。

相传伏羲氏的后裔被封于黔中之酉阳，

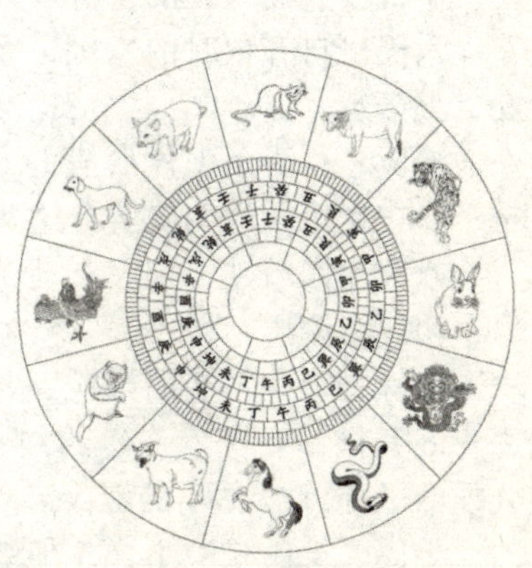

天干地支图

以地为氏，形成西氏。

亥氏来源有二：一是夏禹有臣叫竖亥，竖亥的子孙以他的名字为姓氏，即亥氏；再就是鲜卑族有俟亥氏，北魏孝文帝于496年在洛阳将其改为亥氏。

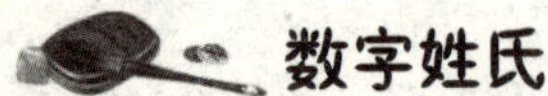

数字姓氏

数字，就是表示数目的文字。汉字的数字有小写和大写两种，“一二三四五六七八九十”等小写，“壹贰叁肆伍陆柒捌玖拾”等大写，还有百、千、万、亿，统称为“基数”。其中，伍、陆、万都是常用姓氏。那么，其他数字是否都是姓氏呢？回答是肯定的：也全都是姓氏。

壹氏来源有二：一支是乙氏所改。乙氏源于商朝的建立者汤，是他的子孙以他的字天乙为姓氏而形成的。一氏还有一支形成魏，是鲜卑族三字姓一那娄氏简代而成。“壹”字是“一”的大写，通“一”，形成姓氏较早，如汉代就有个叫壹元的人。

贰氏出自春秋时楚国的贰邑，系以邑为氏。北魏时有个人叫贰尘。二氏是贰氏的分族，因“二”与“贰”通用。

“叁”是“参”的俗字，“三”的大写字，所以，叁氏、三氏都是由参氏演变而成的。参氏源于颛顼玄孙陆终第二子参胡，是他的后代用他的名字作姓氏的。

肆氏系以祖字为氏，是春秋时宋国大夫肆臣的后代。四氏也出自宋国，是子姓衍生出来的姓氏。

五姓历史悠久，相传黄帝臣有五圣配下台，是五姓之批。且五氏本为伍氏，避仇去人而为五氏，所以，伍奢、伍举、伍子胥，史传也写作“五”。

六氏出自春秋时的六国，系以国为氏。六国为皋陶的后代，在今安徽六安，灭于楚。

七氏、柒氏是怎样形成的，姓氏书没有记载，但北魏有七那楼，明有七希贤、柒文伦，说明确实有这两个姓。

八氏为西域姓，东汉有后部亲汉侯八滑。捌氏系族姓氏，南北朝时有捌思，明代有捌忠。

九姓是一个古老的姓氏，神农氏之师九灵，为九姓之始。殷纣王时三公之一的九侯，有美女，送给纣，纣不喜欢，把她杀掉，并把九侯剁成肉酱。九侯的子孙以“九”的姓氏。玖氏是九姓的分支。

十氏、拾氏来源不详，但晋代有拾虔，唐代有拾得，宋代有拾寅，元代有十岩，这是考之有据的。

百氏、千氏、亿氏也都有来历。例如，百氏源于吉姓，是以百倏的名字为姓氏的；又为高丽八姓之一。氐族王杨千万入蜀，子不以祖字为氏而称千氏。

二十八宿与姓氏

我国古代天文家为了观测天象及日、月、五星在天空中的运行，在黄道侧绕天一周，选取了28个星官（把若干颗恒星组成一组，每组用地上的一种事物命名，称为一个星官）作为观测时的标志，称为“二十八宿”，也称“二十八舍”或“二十八星”。它平均分为4组，每组7宿，与东、西、南、北4个方位和苍龙、白虎、朱雀、玄武（龟蛇）4种动物形象相配，称为“四象”。二十八宿以北斗斗柄所指的角宿为起点，由西向东排列，它们的名称和四象的关系是：东方苍龙：角、亢、氐、房、心、尾、箕；北方玄武：斗、牛、女、虚、危、室、壁；西方白虎：奎、娄、胃、昴、毕、觜、参；南方朱雀：井、鬼、柳、星、张、翼、轸。有趣的是二十八宿除了昴宿、觜宿外，其余都是姓氏。其中，房氏、牛氏、毕氏、柳氏、张氏为常见姓，不多介绍。

奎氏、参氏直接源于星名。奎宿是白虎七宿的首宿，有星16颗，以形似胯而得名；又因屈相钩，似文字之画，古人认为奎主文章，故言文章、文运者，多用“奎”字，如称秘书监为奎府，皇帝所写的字为奎书。奎氏便是用奎宿命名的姓氏。参宿是白虎七宿的末一宿，有星7颗。相传高辛氏（帝喾）有个儿子叫实沈，与其兄阏伯不和，时动干戈，为此，帝尧把他迁到大夏，主参星，他的后代便是参氏。

另外19个姓氏，与星名只是巧合，实际并无关系。例如：角氏一支源于姜姓，是齐太公（姜子牙）的后代；一支源于姬姓，是卫国于秦初灭亡后，末代君主君角的子孙以祖字支氏形成的。亢氏出自战国时齐国的亢父邑，系以邑为氏，还有一支为伉氏所改。伉氏系以祖字为氏，源于春秋卫国大夫三伉，箕氏有两支，均是以祖辈名字命名的姓氏，一支源于殷纣王的叔父箕子，一支源于春秋时晋国大夫箕郑父。女，本为水名，传说天皇封弟于汝水之阳，后为天子，因称女皇，其后为女氏。女作为星名，危氏出自古族三苗，

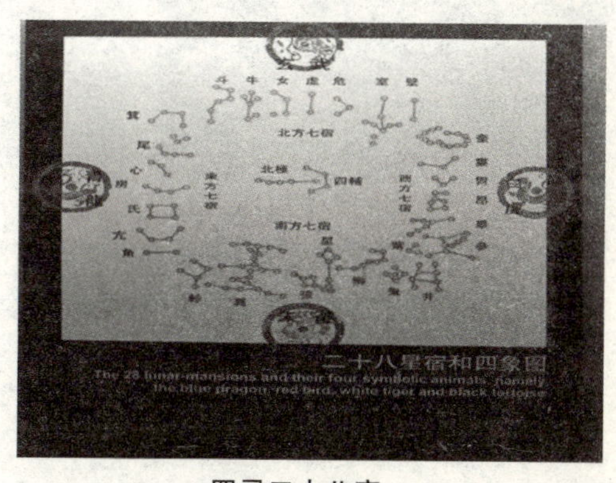

四灵二十八宿

三苗原在江、淮、荆州（今河南南部至湖南洞庭、江西鄱阳一带），传说帝舜时被迁到三危（今甘肃敦煌一带），其后以地为氏。轸氏出自轩辕氏（黄帝）造车，车后横木为轸，因赐姓轸氏；还有一支系春秋时轸国王族子孙以国为氏形成的。

三教九流与姓氏

“三教”指儒、道、佛三教；“九流”是《汉书·艺文表》所列的9个学术流派，即“儒家、道家、阴阳家、法家、名家、墨家、纵横家、杂家、农家者流”。其中，阴阳家是战国时提倡阴阳五行说的一个学派；“纵横”是“合纵连横”的简称，纵横家指战国时以合纵或连横之说从事政治外交活动的谋士，主要人物有苏秦、张仪等；杂家指战国末至汉初折衷和糅合各派思想的一部分学者。除了这三家的名称不是姓氏外，“三教”的名称和“九流”其余各家的名称都是姓氏；不过只有个别姓氏的形成与这“教”、“流”有关，而多数则另有姓氏来源。

“儒”是孔子创立的学派，后世崇奉孔子学说的重要学派为“儒家”。儒家中的今文经学派，看待孔子同宗教之教主，因而把孔子学说当成宗教，和佛教、道教并列。西周宣王有臣姓左名儒，正直敢言，为冤死的杜伯鸣不平而死，子孙以他的名字为氏，即儒氏。

道教是中国汉民族固有的宗教，渊源于古代的巫术，开始定型于东汉。道家是以先秦老子、庄子关于“道”的学说为中心的学术派别。春秋时有个道国，在今河南确山县东北，后为楚国所灭，子孙以国为氏，即道氏。

释迦牟尼坐像

佛教，相传为公元前6世纪—5世纪中期由古印度迦毗罗卫国（今尼泊尔境内）王子乔达摩·悉达多（即释迦牟尼）所创立，与基督教、伊斯兰教并称为世界三大宗教。佛教名词梵文Buduha（佛陀）旧译为“浮图”或“佛图”，因此称佛教徒为浮屠氏或佛屠氏。

法家是战国时的一个重要的学派，代表人物有李悝、商鞅等。法氏源于田齐政权的齐襄王。齐襄王姓田名法章，因齐国于公元前221年为秦所灭，子孙不敢再姓田，便以

法章的名字为氏而称法氏。

名家一称“辩者”，又称“形名家”，是战国时的一个学派，代表著作有《尹文子》、《公孙龙子》等。春秋时，楚国有个大夫叫彭名，他的子孙以他的名字为姓氏，便是名氏。

墨家是战国时的重要学派，是儒家的反对派，因创始人为墨翟而得名。商代有孤竹国，在今河北卢龙南，国君为墨胎氏，后省文字为墨氏。

农家是战国时反映农业生产和农民思想的学术派别。炎帝因教人耕种而号神农氏，其后代有一支称为农氏。

知识链接

三十六行与姓氏

俗话说：“三十六行，行行相妒”；“三百六十行，行行出状元”。三十六行也好，三百六十行也好，都是各种行业的总称，即言行业众多，并非确数。正如徐珂《清稗类钞·农商类》所说：“三十六行者，种种职业也。就分工而约计之，曰三十六行；倍之，则为七十二行；十之，则为三百六十行；皆就成数而言。俗为之一一指定分配者，罔也。”宋、元时期的各行各业为一百二十行。例如：《宣和（宋徽宗年号）遗事》亨集记有“遂于宫中，内列为市肆，令其官女卖茶卖酒，及一百二十行，经纪买卖皆全”；《元曲选》关汉卿《金线池》中有“我想一百二十行，门门都好著衣吃饭”。到了明代，人们惯称三百六十行，例如，明人田汝成的《游览志余》说：“杭州三百六十行，各有市语也。”

那么，诸行诸业中最古老、最基本的行业是什么呢?《穀梁传·成公元年》说：“古者有四民：有士民，有商民，有农民，有工民。”于此可知，最古老的行业是士、农、工、商，合称“四民”。“四民”是从事什么具体职业的人呢?《汉书·食货志上》说：“士农工商，四民有业：学以居住曰士，辟土殖谷曰农，作巧成器曰工，通财鬻货曰商。”再具体一点说，士是学道艺或习武勇的人，农是开辟土地、种植五谷、直接从事农业生产劳动者，工指从事各种手工技艺的劳动者，商指从事商业的人。

说来凑巧，士、农、工、商都是姓氏，只是有的姓氏起源与这些职业并无关系。先说士氏。西周宣王时，杜国国君桓在朝中任大夫，人称杜伯。据说周宣王有个宠妃叫发女杭，她看上了英俊的杜伯，就想方设法去引诱他。杜伯是个正直的人，严词拒绝了女杭的勾引。结果，女杭恼羞成怒，向周宣王诬告杜伯对她施行强暴。周宣王听信谗言，立即把杜伯抓起来杀了。杜伯被屈杀后，儿子隰叔逃到晋国，被任为士师（法官，掌禁令、狱讼、刑罚），隰叔的儿子为，以官名为姓氏，便是士氏。再说其余三氏。

农氏是神农氏的后代，而传说神农氏正是最早教人耕种之人。春秋时齐、鲜、宋、楚等国均设有“工正”一官，掌管百工和官营手工业，其后代以官为氏，便是工氏，所以工氏的形成与“工”这种职业有关。商氏来源主要有二：一是商朝被周武王攻灭后子孙以国为氏；二是战国时政治家商鞅的子孙以其封邑商（今陕西商县东南）为氏。

第三节 我国少数民族的姓氏

中国幅员辽阔，人口众多，是一个多民族融合的大家庭。除汉族之外，目前55个少数民族中，姓氏制度较为完备的，即有名、有姓的民族约40个，如回族、壮族、满族、土家族、朝鲜族等；有名无姓的少数民族大约十几个；还有一部分民族采用连名制形式，如彝族等。

我国少数民族的姓氏，一般出现时间较晚，随意性较大，形式繁多，内容丰富，为世界各国所少有，具有浓郁的地域特点和民族特色。

满族姓氏

满语称姓氏为“哈拉”，是标志血缘关系的称号。据史书所载，早在北魏时期（也有的认为是隋唐之际）满族就有了自己的姓氏。据清代《皇朝通志》所载，满族的“哈拉”（姓）有679个。“哈拉”的名称最初都是以满语命名，是多音节的名称，如满族皇室姓爱新觉罗，贵族大姓有瓜尔佳、钮钴禄、舒穆禄、纳兰、董鄂、马佳等。其姓氏来源，一是以居地为氏，即以所居地名、山名、水名为氏。如居董鄂河者，即为董鄂氏，其余如佟佳氏、富察氏等，均以住地为氏。二是以部落为氏，如爱新觉罗、瓜尔佳等。三是以动植物等图腾崇拜物为氏。如尼玛哈氏（鱼）、萨克达氏（野猪）、依喇氏（黍）等。四是沿袭辽、金、元时期的旧族大姓，其中金代旧姓27个，辽代旧姓1个，元代旧姓7个。五是以父祖之名第一音节汉字为姓。如舒穆禄氏有名万鲜丰者，其子孙以“万”为姓；喜塔拉氏有名文忠额者，其子孙以“文”为姓。故有满族人“一辈一个姓”之说。

满族旗人

清朝灭亡后，满姓大多改为汉族姓。其改姓方式，一是由复姓改为单姓，如佟佳氏改为佟氏，董鄂氏改为董氏；二是意译为汉姓，如阿古占，满文为雷之意，即改为雷姓；倭赫，意为石头，即改为石姓。

蒙古族姓氏

蒙古族对自己的家世和族源十分重视，蒙古族姓氏文化源远流长，极富民族特色。据《多桑蒙古史》等史籍记载，早在2000多年前蒙古族人就生活在辽阔的蒙古草原，大部分蒙古人都能讲清自己的出身部族和家世渊源。

蒙古族姓氏最初出现于贵族阶层，用以显示自己的祖先的功业、部落血统的高贵和社会地位。后因受汉族影响，有的改为单姓。从蒙古族现在通用姓氏中，可以看出蒙古族姓氏有以下几大特色：

一是以部族为姓。如博尔济吉特氏是成吉思汗的后裔，后演变为包氏；永谢部落演变为云氏；巴雅特部以巴为姓；乌梁海部以乌（吴）为姓；喀尔

喀部以韩（河）为姓；土尔扈特部以陶为姓；哈勒努特部以郝为姓。

二是以父祖之名的首字为姓。如元代将领沙全，因其父名沙，便以沙为姓；现代蒙古诗人巴布林贝赫，因其父为巴达玛宁布，便以巴为姓。现在仍有相当一部分蒙古人以这种方法取姓。

蒙古族人

三是以汉字谐音取姓，如伯颜首字“伯”与“白”谐音，其后人便以白为姓。再如“敏罕”在蒙古文中意为“千”，以汉字谐“钱”为姓；乌古纳蒙意为“羊”，便以汉字谐音“杨”为姓。

四是以母姓为氏。如蒙古族中刘姓，即源于汉代公主（刘氏）下嫁单于，而后代便有以刘为姓者。

五是受汉族影响，取用汉姓。如张、王、李、陈等，就是这样的例子。这种现象在受汉化较深的文人、官吏中更为普遍。

知识链接

苏东坡、苏小妹的姓氏谜语

宋朝文学家秦少游很有才华，他和大文豪苏东坡是好朋友。一天，苏东坡的妹妹苏小妹正和哥哥在后花园边走边吟诗作对猜谜语，秦少游来了。苏小妹说：“你来得正好，我打一个姓氏谜你猜：‘山中狮子牡丹花，蜂巢千子母当家。三位一体是他姓，众卿朝拜尽荣华。’”秦少游听了，笑着说：“我也打一个姓氏谜你猜：‘顶天立地英雄汉，拦腰横打一扁担，若是封门

去种田，上下出头把理辩。’”这时，苏东坡也凑热闹说：“我也打一姓氏谜你们猜：‘三人结伴一路行，花园小道穿正中，追根溯源本一祖，三人原是同根生。’”

说完，三人高兴得一齐哈哈大笑，原来他们的谜底都是同一个姓氏。请您猜猜，他们三人的谜说的是什么姓氏呢？答案为“王”。宋朝文学家秦少游很有才华，他和大文豪苏东坡是好朋友。一天，苏东坡的妹妹苏小妹正和哥哥在后花园边走边吟诗作对猜谜语，秦少游来了。苏小妹说：“你来得正好，我打一个姓氏谜你猜：‘山中狮子牡丹花，蜂巢千子母当家。三位一体是他姓，众卿朝拜尽荣华。’”秦少游听了，笑着说：“我也打一个姓氏谜你猜：‘顶天立地英雄汉，拦腰横打一扁担，若是封门去种田，上下出头把理辩。’”这时，苏东坡也凑热闹说：“我也打一姓氏谜你们猜：‘三人结伴一路行，花园小道穿正中，追根溯源本一祖，三人原是同根生。’”

说完，三人高兴得一齐哈哈大笑，原来他们的谜底都是同一个姓氏。请您猜猜，他们三人的谜说的是什么姓氏呢？答案为“王”。

回族姓氏

回族人马姓最多，此外还有沙、喇、哈等姓氏。回族姓多来自古回族人姓氏之汉语音译，有浓厚的宗教色彩。如马姓，就是因为回族人多信奉伊斯兰教，明、清时的著述多将伊斯兰教创始人穆罕默德的“穆”译为“马”，加之明太祖朱元璋赐波斯人马沙亦里为“马”姓，故回族中马姓最多。

其次，回族往往用古伊斯兰教圣人或父辈名字中的某一音节作为姓氏。如：以、白、来、金4姓，即来自古回族人“易卜拉欣”4个字的音译；纳、速、喇、丁4姓，即是回族人名字“纳速喇丁”的音译。

再次，部分回族姓氏来自帝王赐姓，如沐氏、达氏、郑氏，均为明王朝赐姓。如下西洋之郑和，原名马三宝，故民间有“三宝太监下西洋”的种种传说。

由于回族取姓时，多采用谐音或相近的汉字，因此产生了一批奇僻姓氏，

如忽、闪、拉、剌、哈、撒、麻、达、朵、虎、者、也等。上述这些姓氏，在发展过程中，有的已经被同音的汉姓所代替。如速姓变为苏姓，哈姓变为何姓，忽姓变为霍姓等。

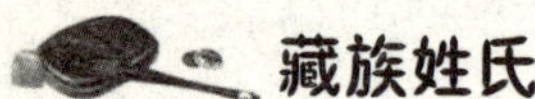

藏族姓氏

藏族人姓氏起源较早，公元前一二世纪，西藏山南地区一些部族已经形成并发展起来。藏族人最初姓氏就是起源于氏族部落，此后渐有变化。有的以封地为姓，有的以家族房名为氏，但一般都是贵族才有姓氏。

最常见的藏族姓源有以下6种。

1. 神猴的后裔

藏族地区广泛流传着一则神话：有一神猴与岩魔女结为夫妻，生下6个小猴，进化为人类，成为藏族最早的6个氏族，其名称为色氏、木氏、董氏、东氏、惹氏、朱氏（柱氏），形成所谓“原人六姓”。这6个氏族又发展为18个氏族。

2. 天神的家族

相传藏族首领聂赤赞普是天神之子下降人间，制定了礼仪，区分了尊卑，由他传下了第一个王族。这个天神的家族称作“代”。发展为父系6族，即洛氏、聂氏、琼氏、努氏、色氏、保氏。到松赞干布时，又有秦氏、卓氏、如雍氏、纳南氏、才崩氏、觉如氏等其他家族出现，成为与王族结亲的姻亲氏族。

藏族少女

3. “可怕” 的家族

据传说，西藏古代有一位道法高深、威力很大的密宗法师叫琼保·较塞，他游历四方，遍谒圣地，为人降魔除邪、免祸消灾。恶魔对他十分害怕，一见他就发出“米拉、米拉”的哀号。“米拉”在藏语中词意是“可怕”。后人为赞誉

琼保·较塞的功德，称其家族为“米拉氏”，即“可怕”的家族。

4. “仇生” 家族

13 世纪时，西藏有位大学者贡呷坚赞，据说是天神后裔，因与仇敌罗刹交战，俘获其妇而生了孩子，取名“昆巴解”。“昆巴”是仇恨的意思，“解”是生的意思，即“仇生”或“仇妇生”之意。其家族便称昆氏，以炫耀其族系之高贵和祖先之威猛。

5. 以房为氏

藏族大多数家庭都有房名，世代相传，房名即成为姓氏。如韦氏、谷米氏、雪康氏、华秀氏，就是房名演变而成的姓氏。

6. 以封地庄园为氏

近代以来，西藏农奴主贵族的传统姓氏日渐衰微，而以封地庄园命名的姓氏日渐增多。如十三世达赖喇嘛出生于平民家庭，被确认为转世灵童，当了达赖喇嘛后，其父被封为公爵，赏赐许多庄园。其中郎敦—奚谷卡是他家原住的庄园。人们便以此庄园称呼这新的显贵家庭。于是他家的人名前都冠以“郎敦”二字。

知识链接

傣族姓氏

古傣族人原本无姓，只有一个“刀”姓，是明王朝赐给当时西双版纳傣族最高统治者的姓。因此，刀姓在解放前一直仅在傣族的贵族阶层使用。解放后，一些无姓傣族人亦喜欢在名前冠以刀姓。近年因汉傣通婚，子女从汉人父母姓，于是出现了张、王、李、周等大量汉姓。

瑶族姓氏

据神话传说瑶族为神犬盘瓠与评皇公主的后代。据《后汉书·南蛮西南夷传》所载，帝喾高辛氏时，犬戎犯边，征伐不克。其主帅吴将军骁勇善战，无人能敌。乃访募天下，"有能得吴将军头者，赐黄金千镒，邑万家，又妻以少女。"时帝有畜拘，其毛五采，名曰槃瓠，遂离宫出走，遂衔吴将军头而回。于是帝之少女评皇公主即与盘瓠婚配，生有六男六女，自相婚配，繁衍为瑶族。帝喾各赐一姓，是为"盘瑶十二姓"，即盘、沈、包、房、李、邓、周、赵、胡、唐、雷、冯。

景颇族姓氏

景颇族称"姓"为"波桑"，含有类、种、姓的意义。景颇族历史上同种、同类之人，也就是同姓之人，均有血缘关系，不得通婚。至今景颇族仍严格遵守这种"同姓不婚"的制度。在历史上，景颇族实行"普那路亚式"的族外婚制度，即甲族一群女子与乙族一群男子互为夫妻的族外群婚。现今景颇族实行的单向姑舅表婚姻，就是这一族外婚的遗迹。姓氏在景颇族中起着"姓别婚姻"的功能，因而景颇族姓氏与家族历史密切相关。

景颇族姓氏中有大姓与小姓之分。大姓共26个，均为氏族社会部族或家族标志。其中木日（彭、李）、恩昆（岳）、勒托（董、徐）、木然（尚、杨）、勒排（排）5大姓，是世袭山官的子孙，称为5大官姓。由26个大姓衍生出300多个小姓。景颇族称小姓为"亭郭明"，即户名。由户名再发展为姓氏（即小家族的名字）。大姓和小姓常常连用，小姓在前，大姓在后，由同一大姓分出的两个小姓可以通婚。

景颇族的姓氏，主要来源于7个方面：（1）来源于官位、职业；（2）来源于出生或居住的地名；（3）来源于动物名称；（4）来源于植物名称；（5）来源于生活用具和建筑材料；（6）来源于食物或事物名称；（7）来源于某种动物行为。

景颇族这种姓氏起源，与汉族姓氏起源十分类似，与图腾崇拜有关。而大姓、小姓之分及其社会功能，与汉族早期的"姓"、"氏"之分，和"姓别婚姻"、"氏明贵贱"有惊人相似之处，从中可以看出中华民族姓氏发展的基本规律。

土家族姓氏

土家族姓氏起源，也与汉族有许多共同之处。其主要来源一是以部落或部族名称为姓（冉姓即远古部落名称）；二是源于图腾崇拜。如李姓，因土家族以虎为图腾，土家族先民巴人称虎为“廪君”，“廪君之后能化为虎”，《风俗通》中说：“虎本南郡中卢李氏公所化”，故土家族中“李姓”为虎的图腾。此外，土家族姓氏来源中尚有源于祖先姓名、源于居住地等多种起源。

壮族姓氏

壮族是我国少数民族中人口最多的民族，在壮语里，将姓称作“栏”，即房屋的意思。表明壮族“姓”的本义是指生活在同一间大房屋里同一血缘人群的共同称号。

壮族早期的先民没有姓氏，是古代“百越”的一个分支。秦末自立为“南越武王”的赵佗，虽然已有赵姓，但他是由河北真定迁入壮区的中原人士。另据多种姓氏辞典对“韦姓”的解释，有一支韦姓出自韩姓，是汉代功臣韩信被杀后，萧何暗中将其子孙送往南粤（今广西、广东一带）。韩信子孙为避祸，以韩字半边“韦”字为姓。这是秦汉时期中原人士迁居壮区的又一例证，说明壮族与汉族交往由来已久。最早见于文献记载的壮族姓氏是《新唐书》中的“南蛮”：“西原蛮（即壮族古代称谓），居广容之南，邕桂之西。有宁氏者，相承为豪；又有黄氏，居黄橙洞……天宝初，黄氏疆（强），与韦氏、周氏、依氏相唇齿。”可见当时已有了黄氏、宁氏、周氏、吴氏、依氏等大姓。壮族人习惯上把这些大姓聚族而居的区域，以“洞”命名，分别称作“黄洞”、“依洞”、“吴洞”等，反映了这些姓氏与氏族部落组织的密切关系。

壮族人民采茶

关于壮族姓氏的来源，有以下几种。

1. 集会赐姓

据壮族民间传说，其先民原来没有姓氏，各部落首领在一个叫江岩的地方集会，商定姓氏。因主持人势力强大，被推为首领，以“黄”（皇帝）为姓。其余养黄牛的，就以“莫”（黄牛）为姓；会猎鸟的以“陆”（鸟）为姓。大家都因有了姓而高兴。但当时为大家杀牛做饭之人，却因未得姓而发怒，以刀拍击砧板愤愤不平。主持人见状，灵机一动，就以“岑”（砧板）予他为姓。

2. 以居地为姓

壮族部分姓氏与居住的地理环境有密切关系。如农姓，汉语是指农耕种植，而壮语却是森林或树木浓密的意思，即指住在森林里的人；甘姓，汉语是甜的意思，壮语却是岩洞的意思；谭姓，汉语中是谈的意思，壮语却是指水塘，意指住在水边的人们。

3. 以职业技艺为姓

前述“莫”，在汉语中是“无”、“不”的意思，而壮语中却指黄牛，意为养牛人。蓝姓，汉语中指颜色，壮语中却指用竹或藤编织的篮子，可知其祖先擅长于篮筐编织。巫姓，可能是与为人驱邪祈祷的巫术有关。

4. 以原始的图腾崇拜为姓

壮族先民与其他民族一样，也曾经历过原始的氏族社会，故而部分姓氏由原始的图腾崇拜发展而来。如龙姓，就是源于对古代蛟龙（鳄鱼）的崇拜；麻姓，在壮语中是狗的意思，源于对狗图腾的敬仰。狗在古代壮族中有很崇高的地位，可能与西南各族传说中的神犬盘瓠有关。此外如陆姓，壮语中为鸟，与鸟的崇拜相关。

5. 受外族特别是吴越和汉族影响

据史书记载，早在春秋战国之际，壮族统属于“百越”，秦汉时期，就有汉族移民迁居壮族地区。如前述南越王赵佗，就是因战乱入居壮族地区。汉族移民必然会对壮族姓氏文化产生一定影响，现今壮族中的部分汉姓，就是汉族文化影响的结果。这里需要注意的是，从表面上看，有些壮族姓氏与汉

姓相同，但从读音和词义上考察，却有很大差别。如前述莫姓（黄牛）、陆姓（鸟）、麻姓（狗）、黄姓（皇帝）等，即是范例。

四大民族政权的姓氏汉化

至于辽、金、元、清四大民族姓氏，均曾在不同历史时期立国称帝，高居统治地位，其民族的传统文化和姓氏特色更为显著，影响更为深远，其汉化程度也更为深刻。由于一向被奉为姓氏学经典的郑樵《通志·氏族略》成书于宋代，无法涉及其后的辽、金、元、清四大姓氏系统，因而辽姓、金姓、元姓、清姓四大姓氏系统的研究，就成为近代姓氏学研究的一个重要领域。

辽姓族人，据称是炎帝后裔，魏晋南北朝时号鲜卑，曾建立北魏王朝。隋唐之际称为契丹，散居于代北、甘凉及辽东一带。其君主酋长称“达里呼氏”，其余贵族大姓有舒噜氏、耶律氏、萧氏、李氏等 10 余个姓氏。其中西夏国主李恒，先世为“于弥氏”，唐末赐姓为李。耶律氏则立国大辽，因其仰慕刘汉王朝的威仪，自认是汉代公主下嫁匈奴的后裔，是汉朝刘姓外甥，故耶律氏兼称刘氏。其母族萧氏本为舒噜氏，因仰慕汉代名相萧何而改为萧氏。

金姓族人，隋代称棘鞨氏，据渤海称王，姓“大氏”。后为契丹所灭，有族人避居高丽完颜部，改姓完颜氏，宋代统称为女真族。女真族建立政权，国号为金，其贵族姓有完颜氏、钮钴禄氏等 10 余个姓氏。其后又演化为满族，于公元 1616 年建立后金。公元 1636 年入关，成为清朝统治集团。

成吉思汗

元姓族人，其先世与回鹘、突厥有较近的血缘关系，隋唐时期称为“蒙兀室韦”。唐代中叶逐渐与居住于蒙古高原的突厥人相融，成为蒙古族的祖先。由于民风强悍，且以游牧为生，各部落之间兼并激烈。蒙古部首领铁木真善于用兵和团结部众，先后击败了其他部族，统一了蒙古诸部，建立了蒙古国，号称“成吉思汗”，其所辖的漠南、漠北统称为蒙古地区，其部众称为蒙古人。公元

1271年成吉思汗之孙忽必烈改蒙古国号为元。公元1279年忽必烈灭南宋，统一全国，建立元朝，基本上奠定当代中国统一的多民族国家的版图。元姓著名姓氏有伊喇氏、扎拉尔氏、奇氏、伊奇哩氏、鄂尔和达氏等10余个。

清姓族人的姓氏，习惯上称之为满姓，满洲语称之为“哈拉”，其姓源与金代女真一脉相承。如金代的“古里甲氏”就是满洲的“瓜尔佳氏”，汉化为关、白、石等姓；金代的“纥石烈氏”就是满洲的“赫舍里氏”，汉化为“高、康、卢”等姓；金代的“浦査氏”就是满洲的“富察氏”，汉化为富、傅、李等姓；而金代的“完颜氏”因是王室之姓，到清代时仍称“完颜氏”，汉化为王、汪等姓。

在辽、金、元、清四大族姓中，以清姓所含姓氏为最多。据《八旗通志·八旗满洲谱系》所载，满洲“哈拉”（即姓氏）共达600多个，其中新满洲姓氏139个。满洲姓氏中最著名的有8大姓氏，即爱新觉罗、董（董佳氏）、关（瓜尔佳氏），马（马佳氏）、索（索绰多）、祈（齐佳氏）、富（富察氏）、郎（钮祜禄氏）等八大姓。

清代从康熙、雍正年之后，逐步改用汉语，接受汉族文化，八旗子弟往往改用汉姓。但在相当长的一段时间里，上层贵族不愿放弃原有复音姓氏，并称之为“满洲老姓”。如清代皇族的“爱新觉罗氏”一直延续270多年，直到辛亥革命后，才改用汉姓；但所用姓氏，或借用家族谱中的字辈排行（如溥、毓、恒、启）或使用原名中的“首字小姓”，类似古代的“以名为氏”、“以字为氏”的做法。

知识链接

复姓的来历

中国人的姓氏以一个字的单姓居多，两个字的复姓也偶有所见，三字姓、四字姓则大多为少数民族姓氏译成汉字，另当别论。回顾历史，单姓与复姓长期共存，但其发展大致是复姓所占数量逐渐减少。据统计，在现今汉族广泛使用的3000多个姓氏中，复姓约250个。

复姓大量产生是在春秋时期，尤其是春秋中期以后到战国初期。相传

孔子有“三千弟子，七十二贤人”，这72位著名弟子中复姓者多达26人，他们分别姓端木、颛孙、澹台、公冶、南宫、公皙、漆雕、司马、巫马、公孙、公祖、公良、公夏、公肩、壤驷、奚容、句井、罕父、左人、步叔、叔仲、公西等（其中姓漆雕者3人，姓公西者2人），除“七十二贤人”之外，孔门弟子中复姓者还有南宫敬叔、公罔之裘、子服景伯等多人。

考察复姓的演变，可以从中了解社会与历史的变迁，其中蕴涵着丰富的文化信息。有关复姓的来历，大致有以下几种情况：

1. 以地名为姓。如令狐、梁丘、欧阳、上官等，是以其封地为姓。以上官而言，其远祖始于春秋时期，楚庄王的幼子子兰曾被封上官大夫，在今河南滑县东南一带，其后代遂以定居地为姓。此外，如贺兰（山名）、羊舌、百里（邑名）、澹台（湖名）等复姓也属以地名为姓者。

2. 以官职为姓。如太史、乐正、左丘、司徒、司空、司马、少正等，是以其官爵为姓。以夏侯而言，源出夏禹的后代，姒姓。春秋时夏禹的裔孙、杞简公之弟佗因杞国被楚国所灭，避难于鲁国，被鲁悼公封为侯爵，其后人以夏侯为姓，以“夏”标明本源，以“侯”表示爵位。

3. 以方位为姓。如东方、东郭、东宫、西门、南门、南宫、北宫等，是以其所居地的方位得姓。以东方而言，一种说法是出自人文始祖伏羲。相传伏羲推演《周易》八卦，其出生时按“震”卦为东方，其后裔中有一支系子孙，遂以东方为姓。另一种说法是源于西汉时的齐国人东方朔，他常以正道讽谏汉武帝。

4. 以少数民族特称为姓。如单于、呼延、慕容、拓跋、宇文、尉迟、赫连等，这些汉族以外的复姓均为两个字或两个以上的字组成，每个字记录一个音节，基本上是数字一义，几个字复合起来表达一个意思。自古以来，中国就是一个多民族国家，随着各民族间交往的日益密切与扩大，许多没有文字的少数民族开始采用汉字表示他们的民族姓氏，成为其复姓的由来。考察复姓的源流，秦汉以来的复姓，汉族复姓以复义为其基本特征，少数民族复姓则以复音为其基本特征。在漫长的历史发展过程中，在华夏大地上，多次发生民族大融合，从而形成今天的中华民族大家庭。在民族大融合的历程中，一部分少数民族由于受汉族文化影响较深，其民族姓氏

实现了汉式化；还有许多少数民族通过与汉族通婚联姻，共同生活，长此以往，汉化日深，已经融为汉族共同体，他们使用的复音姓氏因为不如单姓简洁明快或拗口难读等种种原因，开始向单音姓氏转变，简略为单姓，从而扩大了汉族姓氏的来源。这充分说明，中国姓氏的演变史，也是一部中华各民族密不可分、互相融合、共同发展的历史。据近年来的统计，源自少数民族的复姓，存留至今的有 19 个，其中人数较多的为尉迟、赫连、慕容、宇文、完颜、万俟（读音为 mòqí）、呼延等 7 姓。历史上存在过的复姓多达 1700 多个，源于汉族的复姓如今仍有 58 个在继续使用，其中以欧阳姓人数最多。此外，人数较多的复姓还有诸葛、司马、上官、夏侯等。

第三章

郡望堂号与姓氏家谱

姓氏多起源于汉代之前，于今天已是非常遥远。如今所说姓氏的重要郡望，多数是汉晋时代郡名。因此，郡望情况并不能准确说明姓氏起源问题。不过，作为一种载体，它又与姓氏的发展情况密切相关。姓氏是人类社会区分群体、族别的标志，族谱是载录宗族繁衍、世系传承的历史，宗祠则是凝聚血亲、朝宗谒祖的圣殿。如果说姓氏学是研究整个中国的姓氏，谱牒学则是研究一家一姓的历史，而宗祠祖庙则是体现某一姓氏文化内涵和宗法礼仪的殿堂。家传天下之后，“各亲其亲，各子其子”，王位世袭，子孙相继，就有了专门记载帝王世系的谱牒。

第一节 姓氏郡望与堂号

郡望

秦汉时期姓氏合一之后，“郡望”成为在新的历史条件下显示各家族社会地位高低的标志。

1. 家族贵贱看郡望

在漫长的历史发展过程中，有些家族由于世代居住某地，人才辈出，或由于战功卓著，而被加官封爵，荫及后世，从而积累了巨大的经济财富和文化威望，成为一地的豪门大族，由于这种家族在当地为人所仰望，故称为郡望。如南北朝至隋唐时期，范阳卢氏、清河崔氏、荥阳郑氏、太原王氏，就是当时北方的四大望族。在姓氏面前标以家族居住地，也就是当时行政区划之一——郡的名称，以表示其为此地的望族，郡望因此就成了区别贵贱的标志，它将同一姓氏中的豪门与寒门、士族与庶族区分开来。一般来说，小姓一般有一到几个郡望，大姓则郡望较多，如王姓有 21 望，张姓则号称有 43 望。

郡望还成为国家选拔人才、任用官吏的依据，魏晋时代的“九品中正制”就是一种依赖郡望选拔人才的制度，因此，从魏晋直到隋唐，名门望族对自己在国家谱籍中的地位都十分重视，想方设法在其中占据显要位置。东晋和南朝时，王姓、谢姓为望族之最。那时北魏大将侯景归降南朝的梁，梁武帝封他为河南王，显赫一时。侯景想和王、谢通婚，梁武帝说：王、谢门第太高了，你还高攀不上，还是到朱、张以下的望族中去寻求吧！

2. 唐代士族李为首

北魏时官方为汉姓定谱籍，欲列四个望族于一等，当时“陇西李氏”得到这一消息后，派人快马赶到都城洛阳，想打通关节进入一等四姓，但还是让山东（函谷关以东）大姓范阳卢氏、清河崔氏、荥阳郑氏、太原王氏占了先，未能挤进前四姓。或许是由于对此事一直耿耿于怀，陇西李氏的后代李渊创建唐朝后，唐太宗李世民命高士廉等人重修氏族志。高士廉将氏族分为九个等级，把清河崔氏列为第一。唐太宗见了大怒，说：“我们陇西李氏，贵为天子，难道还屈居崔氏之后吗?”高士廉受到斥责，乖乖地把皇族列为第一，外戚列为第二，编成《大唐氏族志》100卷，计293姓，1651家。

因郡望与一个人的政治生活、沉浮得失、社会交往以及婚丧嫁娶等密切相关，故而受到时人的特别重视。魏晋南北朝时，记录氏族世系的“谱学”十分兴盛，而每个人不管官居何位、身在何方，都不得改变谱籍。南朝有个叫王泰宝的人，想冒充入琅邪籍而行贿，被人揭发，那受贿者——谱学世家传人贾希镜也险些被齐明帝砍了脑袋。

3. 士族通婚讲门第

东汉魏晋以来，士族大姓讲究门当户对，儿女婚事一直在小圈子内进行，耻与低级氏族结亲。东晋时，琅邪王氏与陈留谢氏这两大望族就相互通婚，而最为突出的，要数唐代时太原王氏、范阳卢氏、荥阳郑氏、清河与博陵崔氏、陇西与赵郡李氏这七大望族。元代王实甫杂剧《西厢记》，取材于唐代诗人元稹的传奇小说《会真记》（一名《莺莺传》）。剧中女主角崔莺莺的父亲崔相国、母亲郑氏都出自高门，而男主角张珙（张生）虽说父亲曾任礼部尚书，但以门第来说还是低了一截。因此张生向崔莺莺求婚，崔母自恃博陵望族而瞧不起对方门第。元稹安排的这两个姓氏成为小说情节的发展基础。门第有如一道难以逾越的藩篱，横在张生、崔莺莺之间。

唐高宗时，出身寒族的李义府官居宰相，想为儿子在这七大望姓中娶个媳妇，竟到处碰壁。李为此怀怨，便劝说皇帝下诏，禁止这七姓子女互相通婚。从此这七大望族自认为婚姻可以保持“血统”纯正的门路被断绝了。然而这些望族人家不甘受此束缚，照样偷偷地议婚论娶，只因不敢公然违抗天子诏令，便取消了车马送亲、执扇吹奏等一应公开热闹的排场，改为天黑后弄一乘花纱遮蔽的“檐子”（肩舆），把新娘抬到男家结婚。对此，唐高宗和唐文宗又追颁过禁止乘坐“檐子”的诏令，以免这些人家瞒天过海，但都有

花轿

效一时，风头过后，又卷土重来。中唐以后，“檐子”迎亲居然成了一种有身份的标志，连七姓之外的人家亦有贪慕虚荣而学的。迄至宋朝，前朝禁令一概废除，“檐子”送嫁转为公开，又嫌其简陋，遂刻意装饰，俗称“花檐子”，以后再流变为花轿。这就是大姑娘出嫁坐花轿的来历。由此看来，女子出嫁乘坐花轿也与姓氏之间不无瓜葛，而诸如纳妾收房、寡妇再嫁等婚姻活动不得乘坐花轿的禁忌，也由此衍生。

4. 天下姓氏排座次

唐末及五代战乱，人事变幻无常。故宋代以后，郡望已失去原先的许多实际意义。

北宋初年，钱塘老儒所编《百家姓》，以赵姓为首，这样，赵姓取代了唐代时的李姓成为天下第一姓。到了明代，朱元璋称帝，又得重排座次了。当时的翰林院官员吴沈主持编成了《皇明千家姓》，收有姓氏 1968 个，第一句为“朱奉天运”，朱氏跃上首位。明亡后，清代的爱新觉罗氏取代了朱氏，康熙时以皇帝的名义编写了《御制百家姓》。但康熙皇帝是一个聪明人，他不屑在这些小事上争面子，且满族姓氏音译成汉字，字数多少不一。他为了笼络人心，表示尊崇“圣人”孔子、孟子，这本百家姓收有 450 个姓氏，其中复姓 22 个。开头几句是“孔师阙党，孟席齐梁，高山詹仰，邹鲁荣昌，冉季宗政，游夏文章”，居然成为一篇朗朗上口的文章，但后世广为流传的，还是那本“赵钱孙李，周吴郑王”。

堂号

堂号是郡望的进一步分化与发展，是某一郡望中某一支的称号。

堂号本意是厅堂、居室的名称。由于古代同姓族人多聚族而居，往往几代同堂，或者同一姓氏的支派、分房集中居住于某一处或相近几处厅堂、宅院之中，堂号就成为这一同姓族人的共同徽号。同姓族人为了供奉共同的祖先，在其宗祠、家庙的匾额上题写堂名，因而堂号也兼有祠堂名号的含义，是区分一个家族源流世系以及族属、支派的标记。

堂号可分为两大类：地域性堂号和非地域性堂号。地域性堂号又分两类：一类与姓氏的地望有关，或以其姓氏的发祥地，或以其声名显赫的郡望所在，作为堂号，也称“郡号”或总堂号；一类与姓氏的郡望无关，是姓氏支系以所居地或祖先的所居地的地名作为堂名。非地域性堂号也可分为两类：一类为具有姓氏特征的堂号，这些堂号以各姓先人之德望、功业、科第、文字或祥瑞、典故等命名，形式多种多样，如王氏“三槐堂”、张姓“百忍堂”、杨姓“四知堂”、赵氏“半部堂”等；另一类是没有姓氏特征的堂号，主要起教化作用，如“敦睦堂”、“世德堂”、“叙伦堂”、“崇本堂”等。单从堂号看，地域性堂号和非地域性堂号中具有姓氏特征的堂号可以在判定姓氏渊源方面起到更大的作用。

知识链接

房　号

房号也是经常被提及和使用的一种与郡望、堂号相接近的称谓。事实上，房号是郡望、堂号的细化和再分化，用以表示同一姓氏郡望或堂号下各个房支的传承情况。如《新唐书·宰相世系表》记载，荥阳郑氏在传衍到后燕太子詹事郑温的4个儿子即郑涛、郑简、郑恬、郑晔时，分别被后人尊为陇西祖、南祖、中祖和北祖。这种“祖”，实际上就是他们各自的房号。北祖郑晔之子郑茂有子7人，后又分为七房，号称“七房郑氏”。后来迁居福建的郑姓人中有被称为南莆祖的，并进一步分衍为五房，称为“南莆祖五大房”。

第二节 姓氏家谱

家谱的产生与发展

家谱作为中华民族传统文化的一个独特形式，流传至今已有数千年的历史。它起源于周朝，自汉以后，盛行于民间。家谱学对于历史学、民俗学、人口学、社会学和经济学的深入研究，提供着许多独特的不可替代的历史佐证材料。

人来到世界上，总有一天，要想到这样的问题：我是谁的子孙？我是从何而来？我的根在哪里？

寻根认祖，是人的天然意识，是人类共有的“归属情结”。而我们中华民族的这份情结则更深更浓。而家谱、族谱的纂修则是保有这份情结的必不可少的手段。

家谱，亦称族谱、宗谱、家乘、通谱、统谱、世谱、支谱、房谱等，虽然名称各异，但其内涵是统一的，只是外延有所区别而已。家谱是系统记述某一同宗共祖的血缘集团世系人物或兼及其他方面情况的历史图籍。古语说：“家之谱犹国之史，史不作无以知一代之圣哲，谱不叙无以知一姓之英奇。”

家谱是人类以血缘为核心亲缘关系的投影，从人与群体联系观念形成的角度考察，其起源相当久远。宗法式家族是一种血缘组织，内部的血缘关系必须十分清楚，这种组织才能维系和发展。即使旧的家族裂变成许多新家族，以及新家族再裂变之后，各家族之间的血缘关系也必须十分清楚。在没有文字的时候，血缘关系靠一代一代的口耳传授，储存在人们的记忆中。因此，血缘亲疏的辨析，族群世系的认同，应该是谱牒产生的根源，而口述口传的世系，正是家谱的滥觞。据专家考证，在文字家谱出现之前，确有口述家谱的存在。当文字产生以后，人们就用文字把这种血缘记录下来，这就是谱牒，是家谱、族谱的雏形。

家谱最初的功能就是辨析亲疏，凝聚族群，优化生育，但随时代推移，

社会制度不同，其具体内涵和所起作用也有很大变化。

早在殷墟的甲骨文中，已经有了简单的家谱。周代时还设立了专门职官，负责全国所有贵族家谱的编修与管理，建立了一套相当完善的修谱制度。但商周时期的家谱还十分简单。周代的《世本》，曾对司马迁创作纪传体通史《史记》有过参考作用，被学术界公认为中国家谱的开山之祖。编纂《世本》的目的在于“奠系世，辨昭穆”，它所奠的系世，是周宗室的帝王世系；所辨的“昭穆”，是尊卑贵贱的亲疏。所以，周代的家谱完全是为推行宗法分封，巩固周王朝统治服务的。

周代的宗法分封制度，经过春秋战国时期制度变革的洗礼，“礼崩乐坏”，趋于瓦解，后来秦王统一六国，旧的贵族“失其本系”，到了汉高祖刘邦“徒步有天下”，宗族组织又由破坏到重建，到东汉时已由世族和宗族代替了。两汉时期的政治，基本是世族地主占统治地位，刘邦尚官，“命官以贤，诏爵以功”，君统与宗统开始分离。所以，两汉的家谱功能主要是为恢复、复建宗族和形成、巩固世族的统治服务。同时，两汉时期的中国家谱在内容上的丰富性、体例上的严密性及功能上的多样性等方面都远超商周时期。

魏晋南北朝时期，士族门阀势力极度膨胀，选用官吏实行九品中正制，“上品无寒门，下品无世族”。官之任用，“不考人才行业，空辨姓氏高下”，“有司选举，必稽谱牒”，“家之婚姻，必由谱系”，此时的家谱，成了政府选官、士族出仕、门第婚姻的依据，同时也成了为士族政治服务的工具。与之相适应的是维系门阀制度的修家谱之风极为盛行，国家设谱局，置谱官，“人尚谱系之学，家藏谱系之书”，出现了大批谱牒著作，谱牒学也作为一门学问应运而生。正因为家谱对于人们的社会地位、发展前途、社交层次有如此重大的作用，在利益驱动下，伪造世系门第等造假现象也时有发生。

唐朝初年，修谱继续为官府垄断。为了打击旧有的门阀势力，抬高李氏皇族的社会地位，唐太宗李世民组织编纂《氏族志》，把全国世族分为九等，“以今日官爵为等级高下”，旧有门阀势力受到重大打击。武则天掌权后，又把《氏族志》改编为《姓氏录》，重新定立了士族的标准。

五代以后，随着经济重心南移，江南庶族地主势力抬头，特别是宋、明、清时期商品货币经济的发展，城镇商业繁荣和商帮的出现，推动着社会权力的进一步下移，士族宗族也向平民宗族发展。五代以后“取士不问家世”，庶族知识分子可以通过科举出仕；“婚姻不问门阀”，新兴的地主、商人在社会上获得了应有地位。家谱由于失去了以前的政治功能也由官修变为私修，内容也就更加广泛丰富，家谱功能上也由过去主要是出仕、联姻的政治功能转变为“尊祖、敬宗、收族”的社会伦理道德的教化功能。具体地说，私修家

谱通过姓氏原始、迁徙本末、世系渊源的展现，起着追溯宗族、联宗收族，维系和强化作为社会群体的宗族和家庭的作用。宋代以后，官府不再组织撰修谱牒，家谱均由私家修撰。官府为加强对各支宗族的教育与控制，巩固统治基础，也大力提倡和鼓励私人修谱。明清时期，私家修谱之风盛行不衰，成为各支宗族最重要的活动之一，其影响一直延续至今。目前存世家谱、族谱绝大多数是清代以后撰修的。中华人民共和国成立后，家谱被认为是封建宗族制度的产物，作为一种特有的封建文化被列入荡涤之物，民间的修谱活动几乎绝迹。而20世纪80年代以来，由于改革开放，海外华人到家乡寻根问祖者络绎不绝，纂修家谱活动又掀高潮。进入新世纪，大型谱牒《中国家谱总目》的编纂出版工作已经开展。

总之，家谱的产生与发展，同社会群体氏族、家族、家庭相联系，它的功能是随社会结构、社会制度的变化而变化的，从社会功能至政治功能再回归到社会功能。自有文字家谱以来，总的发展趋势是由贵族到士族之后再到平民，家谱维系和凝聚的人群也愈来愈广。

家谱的体例

今天所见的家谱，内容包罗万象，不仅记录家族的来源和迁徙的轨迹，还记录家族的婚姻、文化、族规、家法、名绩、仕宦等方面的内容。现存家谱的数量可谓汗牛充栋，浩如烟海，但修撰时代较晚，一般修于明代以后，尤以清末至1949年之间所撰者为最多。

明代家谱的内容还是比较简单的。一般只有谱序、跋和世系图（表）。历史进入清朝以后，家谱纂修数量骤增，内容不断增加。现所存家谱，尤其是清代以后的家谱，在基本体例上大致相同。一般来说，一部体例完整的家谱大致包括以下部分：

1. 谱名。多称家谱、族谱、宗谱、支谱等，并在前面注明里籍和郡望。以韩姓家谱为例，如《汾阳韩氏支谱》、《润州韩氏家乘》、《萧山义桥韩氏家谱》等。有的韩姓家谱还在谱名前冠有修谱时间、祖先官职、修谱次数等，如《湖南韩氏续修宗谱》。

2. 谱序。这是每部家谱中不可缺少的内容，包含修谱原因、目的、经过、人员构成及家族的历史渊源、家族的迁徙过程、郡望、历次修谱情况及谱学理论等。

3. 凡例。又称谱例，主要阐明家谱的纂修规则和体例。

4. 谱论。又称谱说，是与家族有关的“名人名言”，主要收录古代经典

和历代名人谈谱学的历史，及修谱的意义、原理、方法等简短语录。

5. 画像。家族主要人物的遗像，并附有对这些人物的赞语。

6. 恩荣录。主要登载历朝历代皇帝对家族中官员及其亲属的敕书、诰命、赐字、赐匾等内容。

7. 先世考。主要内容是考述本支的源流、世系、迁徙及各支系的亲疏关系等。

8. 族规家法。这是各姓族自己制定的约束和教化族人的宗族法规，是家谱中的重要组成部分。有些家谱的族规家法，其内容无所不涉，诸如遗产继承、婚姻纠纷、买卖租赁、祭祖祀宗、忠君孝亲、宗族机构、日常生活、犯规惩治、森林保护、禁赌禁盗等，应有尽有。当今许多黄姓家谱就记有黄姓显祖黄峭山的21首训子诗，作为对本族子弟进行教化的素材。

9. 祠堂记载宗族祠堂修建的历史，介绍祠堂的建筑规模、地理位置，收录祠堂图、建祠祭文、捐建祠堂人名单、捐资数目，以及祠联、祠匾、神位世次、配享等情况。

10. 五服图。所谓五服，是指古代丧服制度中的五种服色，这是根据生者与死者亲疏关系的远近而穿着的服饰。现在的农村办丧事时，对丧服的穿着仍然十分讲究。

11. 世系。多列为图表等形式，是家谱的主体部分。这部分内容是历代家谱所共有的，它对本支系从一世祖到修谱时止，家族所有成员的姓名、号、生卒年月、职官、葬地、妻妾子女等情况都记载得一清二楚。

12. 领谱名目。修谱是族人共同的大事，必须大家捐资，是族人对修谱的认同和责任，有钱出钱，有力出力。领谱名目是族谱修完后发给各房各派的记录。家谱是按房按派编号发放的，不能冒领。编号有的按“千字文”，有的按八卦，有的按天干和地支，还有的以修谱宗旨编号，等等。

13. 传记。一般家谱都有先祖像赞、小传，把本族先祖中有显赫身份的人绘成遗像载诸谱端，并附像赞。大多数家谱不仅有先祖像赞，还有列传，对本族名望著世或德行懿范者列传志行，包括节妇、烈女，附载年谱、寿序、墓志铭、祭文、行述、碑铭等。这些家族中忠臣孝子、义男烈女的不凡事迹，可以激励族人。

14. 族产。记录属于宗族集体财产的族田、坟地、义庄、山林、房屋、义塾等。有些姓氏宗族的财产还是相当可观的。如元代太康人韩元善，曾任参知政事、中书左丞等职，置田约6.7公顷作为义庄，接济族内贫困之家，还设立义塾，聘请名士教育族人的子弟。宋代政治家范仲淹在江苏吴县天平山的老家置田数百亩，设立专门机构对义庄进行管理。范氏义庄存在了千年之久，直到解放前还存在，而且规模达到5000亩。

15. 契约。登载与宗族内部或宗族产业有关的承嗣、婚姻、分家、土地转

让等的契据文书。

16. 坟茔。记载族人坟墓的具体情况，包括墓图和墓志。墓图绘有坟墓所在地地名、方位、四址交界、地图、坟向、祖坟及各支派墓地的分布情况。墓志介绍墓主的生平和墓庐建置情况。

17. 年谱。即按年月日专门记载每一个人的生平事迹，大多为家族中某一位或几位影响大的人物而作。

18. 家礼。又称吉凶礼，记载家族冠礼、婚礼、丧礼、祭祀礼等礼仪活动的条规及具体事项等。

19. 艺文。收录族人的奏疏、殿试文、万言策、对联、诗词及其他文章。

20. 名绩录。记载与本族或族中成员有关的山水桥梁、亭台楼阁、寺庙堂舍等。

21. 仕宦记。记载族中历代官宦名人的事迹。

22. 字辈谱。又称排行、行第、排行谱等，是家族世系人名的排行用语。

23. 续后篇。又称余庆录。清代末年的家谱多留空白纸数页，意思是等待后世子孙续谱，以示家族绵延不断，万世昌荣。

从以上所列各姓族家谱的体例可知，家谱的内容十分丰富，不但是家族的百科全书，也是宝贵的资料库。

知识链接

宗祠

宗祠，也称祠堂、宗庙、家庙，是宗族祭祀祖先的地方，被视为血缘崇拜的圣殿。人类对祖先的崇拜由来已久，早在氏族社会就已经盛行，在殷墟遗址中，就发现有为祭祀墓主而建造的享堂。殷商时期，同姓者有共同的“宗庙”，同宗者有共同的“祖庙”，同族者有共同的“祢庙”。到周代，由于宗法制度的确立，庙制逐步完备，据《礼记·王制》云：“天子七庙”、“诸侯五庙”，“大夫三庙”、“士一庙”，“庶人祭于寝”。这里所说“七庙、五庙、三庙、一庙”，是根据不同的社会地位，可在宗庙中分别设置和祭祀七代、五代、三代、一代以上祖先的亡灵。庶民不设宗庙，在寝堂中祭祀祖先。宗庙是宗族血脉所系，也是宗族盛衰的标志。兴旺的家族，

四时祭享，香火不断；衰败的家族，则宗庙残颓，香火断绝。尤其是帝王的宗庙（也称太庙），不仅是宗族的象征，也是国家政权的象征，是国家举行大典、宣布重大决策、新君继位、策命大臣、召会诸侯的场所。历代帝王都将宗庙看做是王权统治的精神支柱，是国家权力的重要标志。“宗庙社稷”的存毁往往成为一个朝代、政权兴亡更替的代名词。所以《左传》上说：“国之大事，在祀与戎。”意思是说，敬宗祭祖与整军经武，都是关乎国家兴亡的大事。每当改朝换代之际，新的统治者在营建宫室时，首先要营建宗庙。今北京天安门广场的劳动人民文化宫就是明、清皇室的太庙。

民间的祠堂，是西汉时期才发展起来的。秦汉时，往往在帝王陵墓所在之地建立祠堂，以便祭祀，故也称为“享堂”，因所用建筑材料多为石块，也称“石室”。民间也有仿效。现存于山东长清县孝里铺孝堂山的郭氏墓祠，是已知国内保存最为完整、建筑年代最早的民间祠堂实物。孝堂山原名巫山，因山上有郭孝子墓和祠堂改称孝堂山。根据其祠内存有“泰山

客家宗祠

高令明永康元年（167 年）十月二十一日故来观记之”、“平原隰阴邵善君以永建四年（129 年）四月二十日来过此堂叩头谢神”的两副题铭，以及祠内的画像风格推断，其建筑年代约为公元 1 世纪前后。石祠坐北朝南，面阔 4.15 米，进深 2.15 米，高 2.64 米，石祠内部三个壁面及石梁两侧刻满各种历史故事和反映当时现实生活的画面。据此，可以了解风行汉代的民间石祠的具体形象和构造。1961 年国务院将其列为全国第一批文物保护单位。

与孝堂山郭氏石祠齐名的还有嘉祥武氏石祠。嘉祥武氏石祠位于山东省嘉祥县翟山山麓，建造于东汉，因祠内保存有价值极高的汉代石刻而驰名中外，被列为全国重点文物保护单位。

嘉祥县武氏石祠，由武梁祠、武荣祠、武班祠和汉代石刻组成。武梁，字绥宗，曾任州从事，卒于汉桓帝元嘉元年（151 年）。武荣为武梁之侄。武班生卒年不详，与武梁当为同族。武梁祠最有价值的是先后发掘出来的 43 块汉代画像石刻，既有祠主人的主要经历和生活场景，也有古代的历史故事，而且每幅画像上都有隶书题字，共 1069 字，是十分珍贵难得的历史资料，也是稀有的艺术珍品。

东汉以后，魏晋南北朝、隋、唐、五代至北宋，朝廷虽然容许民间修建祖庙，但等级规定很严，有资格修建祖庙的人物寥寥无几，祠堂的发展相对缓慢。至宋代，由于理学盛行，儒家“三纲五常”伦理道德观念得到加强，“孝为百行之首”。所以，朱熹在《家礼》中规定：“君子将营宫室，先立祠堂于正寝之东”。而且，“或有水盗，则先救祠堂，迁神主遗书，次及祭品，后及家财”。祠堂被视为高于一切，为家族命运之所系，具有神圣不可侵犯的地位。因此，名宦巨贾、豪门望族增建祠堂，以显其本，以祭其祖，宗法、血缘观念由此强化。自《家礼》问世之后，臣民祭祖的建筑才被称作祠堂。

明清时代，宗族制度处于成熟发展阶段，祭祀祖先作为家族的重要活动，受到人们的高度重视，祠堂成为家族具有凝聚力的象征。祠堂的营建成为全体族人共同的意愿。官方当局也予以足够的关注和重视。

明清时期，在全国创建或重修的各类祠堂也为数众多，流存至今的也为数不少，如山西晋城皇城村的陈氏祠堂、山西代县的杨业祠、广东广州的陈氏祠堂、台湾台南的延平郡王（郑成功）祠等，都是享誉海内的著名宗祠。

第四章

姓氏楹联与字辈取名

姓氏楹联和字辈排行，载录着姓氏渊源、传承世系、家族风范、名贤圣德、遗闻逸事等重要内容，是区分姓氏、族别、宗支衍派、亲疏、长幼的重要依据，具有凝聚血亲、寻根认祖的社会功能，是宗祠、族谱中不可或缺的重要内容。汉魏以来迄于清代，无论是小姓大族、高门寒第，都有其约定俗成的楹联、字辈。及至现代，仍有相当一部分姓氏、家族延续使用，在港、台地区和海外侨胞中更是十分普遍。

第一节 姓氏楹联与族系

楹联

楹联俗称对联，表明家族姓氏的楹联则称为“家联”、“堂联”，题写、张贴于家居民宅门上的谓之“门榜”，悬挂、镌刻于宗祠、祖庙的匾额、门庭、廊柱之上的多称为“堂联”、“祠联”。

姓氏楹联起源悠久、流传广泛、内涵丰富、文辞精美，多为文人学士、名流巨匠题铭，有很高的艺术价值和学术价值，历来深受文人雅士和研究工作者的重视和青睐。早在20世纪30年代，上海会文堂新纪书局出版的《联对作法》中，就将姓氏楹联列为专章，予以评介。1999年9月河南中州古籍出版社出版的《中华姓氏对联鉴赏》（李文郑编著），其中收录的姓氏楹联达2000余副。近年来，在新修、续修的各姓氏族谱中，也多附有姓氏楹联文章。如河东裴氏在整理、编撰裴氏宗谱时，就曾专门编撰出版了一本数十万字的《绿野堂楹帖》（裴显生、裴国昌编审，香港明星国际出版公司印行），辑录了两汉至现代的裴氏楹联。

姓氏楹联从其内容和用途上来看，大体可分为：通用楹联、专用的门榜堂联、杂咏题联三大类别。

1. 通用楹联

通用楹联就是各个姓氏可以通用的姓氏楹联。主要题刻于宗祠、祖庙或刊印于族谱、家乘中。其内容多为崇拜祖先、报本思源、敦宗睦族、光耀门庭、诫勉子孙的传统伦理。如：

祖功宗德源流远，子孙贻谋世泽长。

祖恩浩荡绵世泽，宗德无疆裕后人。

身范克端绳祖武，家规垂训贻孙谋。

黄子炎孙，孝友一堂，赫赫矣紫云百姓；宗功祖德，蒸尝万古，巍巍乎佳里宗祠。

这都是各姓氏家族可以使用的常规套语，是姓氏楹联中的通用模式。

2. 专用堂联

专用的“堂联”、“家联”、“门榜”则是只能用于某一特定的姓氏、或某一特定的堂号，甚至是仅限于某一支派，不得张冠李戴，随意滥用。

凉亭和楹联

比如“三省传家”是曾姓的专利。其典故出自孔门高足曾参的名言：“吾日三省吾身，为人谋而不忠乎？与朋友交而不信乎？传而不习乎？”稍有点国学、古文知识的人，一看便知这是曾子的后裔。若“门榜”书为“三余门第”，则是董姓后人。典出三国时魏人董遇，因其常教子弟利用“三余”时间读书，即“冬者岁之余，夜者日之余，阴雨者时之余”。

再如“阙里一脉”是孔姓的专利。因孔子世居山东曲阜阙里，是名扬海内外的“至圣先师”、儒家鼻祖，天下孔姓后人多与曲阜孔氏通谱，以此来标榜出身高贵，是孔圣人族属和后裔。

又如“弘农世泽”、“清白传家”则是杨姓的门榜、堂匾。其典出自东汉太尉杨震。杨震世居陕西弘农，一生为官正直清白，故以“弘农世泽”、“清白传家”享誉后世。

此外，如张氏的“清河世泽”，李氏的“凤鸣世第”、刘氏的“彭城世系”、牛氏的“五经传家”、卢氏的“范阳名族”、董氏的“江夏世家”、邓氏的“南阳世泽”、吴氏的“延陵世泽”、郑氏的“荥阳氏家”、郭氏的“汾阳世泽”、蔡氏的“儒林门第”、范氏的“文正家声”……都是某一姓氏的专用门榜和匾额。

由于门榜和匾额字数有限，因而内容较为贫乏，多是标明姓氏的郡望所在。相形之下，祠联、堂联就显得丰富典雅，内涵深厚、广博。

如朱姓家族常用堂联是：“鹅湖氏族，鹿洞家声。”说的是南宋理学大师朱熹。上联的“鹅湖”是指今江西铅山，朱熹曾在此与陆九渊讲论理学；下联的“鹿洞”是指今江西庐山的风景名胜区白鹿洞，是纪念朱熹振兴白鹿书院的事迹。

又如，冯氏有一副祠联是：“父号万石，子通四经。”上联说的是西汉时繁阳人冯杨，汉宣帝时官任弘农太守，8 个儿子都做到 2000 石年俸的大官，父子年俸在万石以上，故称“万石君”；下联说的是西汉上党潞城人冯奉世，宣帝时出使大宛，击破莎车，因功封左将军，4 个儿子各精通一门经学：冯野王通《诗经》、冯逡通《易经》、冯参通《尚书》、冯立通《春秋》，故称“子通四经”。

3. 杂咏题联

姓氏楹联中还有一种题材更为广泛，形式上也较为自由，不受宗祠堂号制约的“杂咏题铭”。举凡姓氏源流，英贤俊杰，逸闻掌故，皆可入联。但其内容相对集中，更加凝练，既可用作堂联、祠联，也可入选文集、杂录，多是咏史、怀人的即兴之作。

如赵氏有一副对联是：

乃祖曾以半部论语治天下，后人当以千秋俎豆祭堂前。

本联所题咏的主人翁是北宋年间宰相赵普，他先任赵匡胤的掌书记之职，策划了陈桥兵变，助赵匡胤夺取天下，在宋初任宰相，多有政绩。他年轻时读书不多，喜欢《论语》，他曾对赵太宗说：“我生平所学，都不出《论语》一书，我过去以半部《论语》助太祖得天下，现在我要用半部《论语》助陛下治理天下。”

再如，孙氏有一副楹联是：

兵家之祖，循吏之宗。

上联说的是春秋军事家孙武，字长聊，齐国人，以《孙子兵法》十三篇著称于世，被后世尊为“兵家之祖”；下联说的是春秋楚国令尹孙叔敖，执政期间，吏无奸贪，盗贼不起，被列为做官典范，《史记·循吏传》将他列为循吏第一，故称为“循吏之宗”。

从传世的姓氏楹联来看，通用祠联极少。大多是专用堂联、祠联和杂咏题铭。从其内容来看，大致可分为：咏人、铭史、载物、记事、弘扬传统、敷陈教化等类型。

楹联族系文化

王姓向来有“中华第一姓”的称誉，人才辈出，代有英贤，以文治武功著称于世。有的王氏子孙便撰成一联，炫耀门庭：

辅国有先声，宋相元藩明督抚。

传家无别业，唐诗晋字汉文章。

这是湖南邵阳王氏一副祠联。上联的“宋相”是指北宋政治家、文学家王安石，为江西抚州临川人，庆历年间中进士，宋神宗时拜相，极力提倡变法革新，实施了青苗法、保甲法、均输法、农田水利法等一系列新法，史称“王安石变法”，后封荆国公。王安石在文学上也颇有声誉，被称为“唐宋八大家之一”。“元藩”是指元代沈丘人王保保，为平章察罕帖木儿外甥、养子，元顺帝赐名扩廓贴木尔，历官太尉、中书平章政事（即宰相），封河南王，总督天下兵马，屡与明将徐达交战，被明太祖朱元璋称为“奇男子”，是元代著名人物。“明督”指明代哲学家、文学家王廷相，字子衡，仪封人，弘治年间进士，曾任四川巡抚，官至南京兵部尚书，与李梦阳、何景明等并称“前七子”，著有《雅述》、《慎言》等。

下联“唐诗”指唐代诗人王勃、王维、王之焕、王昌龄等。“晋字”指晋代书法家王羲之、王献之父子。“汉文章”指东汉哲学家、思想家王充，字仲任，浙江上虞人，少时游学洛阳太学，博览群书而不拘泥章句，一生致力于反对宗教神秘主义和唯心论，是我国古代著名的唯物主义无神论者，著有《论衡》一书。

再如，湖北黄山萧氏祠堂有这样一副楹联：

汉代宗臣裔，梁朝帝子家。

上联说的是西汉开国功臣萧何，原为沛县小吏，后随汉高祖起兵，诛除暴秦，入据关中，在楚汉相争中屡立战功，汉高祖即位后，拜为丞相，建章立制，总揽朝政，是汉代第一名相；下联说的是南北朝时梁武帝萧衍，立国称帝，划江而治，建立了南梁王朝。江南萧氏多为其裔孙衍派。萧氏子孙遂以“汉代宗臣裔，梁朝帝子家”炫耀门庭。

又如，单于氏本为匈奴王族姓氏，久居朔方塞外，被视为蛮夷部族。但在汉代，与汉天子多次联姻和亲。为此，单于氏后裔遂撰成一副楹联，以示其血统高贵，家世显赫：

姻联汉室，系出朔方。

又如，卢氏家族在魏晋、隋唐之际，一直是数一数二的名门望族，位列

“崔卢李郑王”五姓七族第二，因此，卢氏族人便撰写了这样一副楹联，以示门第清高：

范阳名族，涿郡高楣。

有的家族将历史上本姓氏、家族的英贤俊杰、名人巨子的事迹，凝练升华，编撰成文，题咏镌刻。举凡王侯公卿、名臣武将、高人隐士、孝子节妇的言行事迹，在姓氏楹联中都有反映。

东汉名将马武、马援，大唐名相马周、马燧，前者以战功显赫，名垂青史，后者以文韬武略，拜相封侯。马氏子孙，引以为荣，撰成两副楹联，以记其事：

云台列像（马武），铜柱标功（马援）。

龙虎出谷（马燧），鸾凤冲霄（马周）。

唐代林披，生有九子，俱官刺史，人称“九龙”，号为“九牧林家”；其次子林藻与弟林蕴，均以文才著称，人称“双桂”，更为林氏族人津津乐道，撰成一副楹联，留传至今；

九龙衍派（林披），双桂遗风（林蕴）。

又如张氏，族大人多，英贤辈出。汉有大司马、富平侯张安世，子孙七代俱为高官；唐有名相张九龄，不仅官高位重，而且才华出众，著有《千秋金鉴录》传世。张氏裔孙十分敬慕，撰成楹联，以记其事：

簪缨七叶（张安世），金鉴千秋（张九龄）。

报本思源，落叶归根是炎黄子孙固有的传统美德和文化情结，因而在姓氏楹联及宗祠题铭中，不乏追源溯流、尊祖敬宗的佳作名句。如成都太平巷李氏，就以一副十分精粹的楹联，记述了李氏自唐尧时世任理官，以官为氏（理变为李），周代李耳（老子）开宗立派的渊源所自，以及唐代临淮王后裔，南迁闽粤，入居川中的迁徙历史：

自唐及周，理官柱史遗恩远，由粤而蜀，祖德宗功沛泽长。

再如，安徽铜陵西王村王氏，则以一副长联概括了王氏自周灵王太子晋（王子侨）得姓受氏之后，历经两汉，三国、唐宋各代由太原王到元城王、三槐王、铜陵王的基本脉络，以及西村王氏支分派别、八股一祠、子孙昌盛、门第清白的家世渊源：

自东周受姓以来，功名及五侯三公，才学列七贤四杰，

文韬武略，代有英豪，祖德溯渊源，俎豆馨香，凛凛乎秋霜春露；

从西村卜居而后，支系分千流万派，睦宗合八股一祠，

瓜衍椒繁，世相继续，子孙庆昌炽，门庭清白，蒸蒸焉身显家齐。

又如，印尼郭氏华侨系周文王之弟虢叔后裔，为报本思源，认祖归宗，

在雅加达郭氏大宗祠中便用了这样一副楹联：

姓氏自姬周西虢叔而彰，历秦汉魏晋隋唐宋元明清，以迄乎今朝，奕叶相承，迭有贤豪兴异代；祠宇据印尼雅加达之胜，由高曾祖考伯仲昆季子孙，更传于后世，一禽共祀，还期俎豆享千秋。

姓氏楹联，作为家族文化的一个组成部分，除缅怀先贤、追溯家世渊源之外，还具有光前裕后、垂范子孙的教化功能，相当一部分宗支家族中，都有劝勉、训诫子孙后裔的楹联，寄托了列祖列宗祈求人丁兴旺、事业有成的期望和祝愿。

如清代名臣左宗棠，在为湖南湘阴左氏家族题写的楹联中，就以其亲身阅历、谆谆告诫后代子孙：

左宗棠

纵读数千卷奇书，无实行；不为识字；要守六百年家法，有善策，还是耕田。

表述了其历经宦海沉浮、世态炎凉的心态，期望后世子孙耕读传家、身体力行的处世方略。

再如，贵州普定伍氏宗祠楹联，则以孝悌和睦、诗书相继为其祖宗遗训，诫勉子孙：

必孝友乃可传家，兄弟式好无他，即外侮何由而入；惟诗书方能裕后，子孙见闻只此，虽中才不致为非。

又如，江西万载《张氏六支族谱》所录楹联，则劝勉子孙以“忠厚”为传家之本，以“勤俭”为发家之道：

忠厚近鲁愚，毕竟传家在是；勤俭似艰苦，须知奋进由斯。

又如，湖南宁乡县箭楼黄氏祠堂，有一副楹联，告诫子弟，须勤劳俭朴，居安思危：

念祖父勤劳，若作室，若稽田，燕子贻孙，总廑绸缪于风雨；

维桑梓恭敬，如临深，如履薄，服畴食德，敢忘陟降在庭阶。

宗祠家族楹联掌故

宗祠楹联，家族题铭，多是某一姓氏的文化结晶，具有浓厚的家族特色。不少家族往往将其族中的逸闻掌故、嘉言懿行或遗迹胜景撰成楹联，以记其事。如弘农杨氏，汉时有太尉杨震，未仕时就读于学堂，有鹳鸟衔三鳝鱼飞集讲堂，塾师取之进贺曰："蛇、鳝者，卿大夫之服象也。数三者，法三台也，先生（指杨震）自此升矣。"后杨震任荆州刺史时，有故旧昌邑令王密，深夜带10斤黄金送他，被杨震严词拒绝，王密说："我深夜而来，无人知晓。"杨震当即指斥他说："天知、神知、我知、你知，怎么说无人知道?"王密羞惭而退。后人便以他的这个典故，撰成一联：

三鳝呈祥，四知传家。

再如，宋代有学者周敦颐，性爱莲花，筑室于濂溪。曾作《爱莲说》，推崇莲花"出淤泥而不染，濯清涟而不妖"的品格。汉代有名将周亚夫，为太尉周勃之子，曾率军驻守细柳。汉文帝亲自前往视察，守门将士不得亚夫将令，不敢开寨迎驾，以治军严整著称。周氏后人便将这一文一武两位名人的典故，撰写成一联，引以为荣：

爱莲世泽，细柳家声。

又如苏氏，战国时有洛阳人苏秦，头悬梁，锥刺股，发愤苦读，终于学成纵横之术，身佩六国相印。西汉时有苏武，持节出使匈奴，被扣留于北海苦寒之地，19年持汉节牧羊。匈奴多次劝降，均严词拒绝，忠贞不屈。后人遂将苏秦、苏武二人典故撰成一联，激励后人：

引锥刺股，仗节全忠。

又如温氏，是太原望族，晋怀帝时有温羡兄弟6人，皆雄武才俊，深受朝野推重，号称"温氏六龙"，以"六龙堂"为堂号。唐代温氏又有温彦博、温彦宏、温彦将兄弟3人，均为一代名臣，人称"温氏三彦"，以"三彦堂"为堂号。温氏后人撰成一副楹联：

六龙家声远，三彦世泽长。

由于中华民族姓氏繁多，代有英贤，几乎每个家族都有引以为荣的人物、典故，此类姓氏楹联和宗祠题铭，真是数不胜数，难以一一列举，是中华姓氏文化和家族文化中尚待开发、整理的一大宝库。

第二节 班辈长幼排序

字辈排行

字辈排行，是同一姓氏家族中按世系班辈、兄弟排行取名的一种习俗，即表明家族成员在血缘传承的链条中所处的位置。字辈排行又称派语、行第，是表示辈分高低、长幼序列的专用文字。如明代崇祯皇帝朱由检与其兄朱由校、堂兄朱由榔、朱由崧等姓名中共用一个“由”字，这个“由”字就是朱氏字辈之一，而“校、检、榔、崧”每一字都带有“木”字偏旁，表示这一辈取名按“金木水火土”五行轮回中的“木”字旁命名。

字辈谱的用字一般是由开派之祖，即始迁祖定的，也有在修纂家谱时，合族议定，写进谱书，具有法定的权威性。后裔子孙依照字辈取名，一辈一字，世次分明。即使迁居他乡异地，关山阻隔，年代久远，支派浩繁，只要按字辈谱取名，就可保证同宗血脉一气贯通，班辈不乱。正如明代《太原郡王氏宗谱》所说：“行第原为合族定名分而设，使子子孙孙，承承继继，不致有干犯之嫌。故凡世家巨族，莫不皆然，事为至巨而非泛立也。”

字辈作为中国姓名系统中的重要组成部分，每一姓都有自己的字辈谱，

每一男性都有自己的字辈。它充当了宗族的世系链条和血缘纽带，强有力地维系了族姓集团、血亲集团的等级身份秩序，表明了血缘关系生生不息、循序渐进的传承。至今许多姓氏仍有自己的字辈谱，仍有一些家族、家庭按字辈取名，充分显示了这种传统文化的生命力和其重要的文化功能。

字辈、排行是以血缘关系为基础的宗法制度及其等级观念的产物。由于宗法制度的核心是嫡长子继承制，只有嫡长子才天生具有对君权、族权、父权的继承权利。因此，在宗法制度盛行的先秦时期，同父、同族兄弟之间的嫡庶、长幼的区别重要性，兄弟排行重于辈分排行。先秦文献典籍中常见表示兄弟长幼顺序的用字：伯（孟）、仲、叔、季，而少见表示辈分的派语，往往只用“昭、穆”二字来区别其辈分及传承关系。伯、仲、叔、季的兄弟排行，相当于后世老大、老二、老三、老四的称呼，明确界定了其嫡长子与众庶子的身份、地位。如周太王古公亶父的三个儿子分别叫“太伯、仲雍、季历，”表明太伯为嫡长子，享有继承权利。因幼弟季历之子姬昌（即周文王）十分聪慧，富有才干，太王欲传位于姬昌，于是太伯、仲雍远窜荆蛮，断发文身，表示主动放弃权利，太王才传位于季历，再传至姬昌。由此可见先秦时的兄弟排行十分重要，被看作是事关君位传承、宗族兴亡的头等大事。

辈分与命名

辈分字的命名，萌芽于宗法制度解体的东汉末年，形成于魏晋南北朝时期，唐宋以来，日渐盛行，于明清两代形成定制，其发展轨迹与姓氏制度的发展密切相关。

如东汉末年荆州牧刘表有2个儿子，分别叫刘琦、刘琮，二人名字都以“王”字为偏旁；蜀后主刘禅的7个儿子，分别叫刘璿、刘瑶、刘琮、刘瓒、刘谌、刘询、刘璩，其中5人名字中含有“玉”字，说明名字中表示辈分的现象已经出现。

到魏晋南北朝时，辈分字的使用逐渐广泛，尤其王侯贵族中使用辈分字已蔚然成风。如东晋豪门桓彝，其3个儿子叫豁、秘、冲，相互间无统一的字辈标志。但到了第三代，即桓豁的6个儿子，分别取名石虔、石秀、石民、石生、石绥、石康，“石”字成了他们的字辈标记。再如南朝宋武帝刘裕的7个儿子，分别叫义符、义隆、义真、义恭、义宣、义季，以“义”字为辈分字；梁武帝萧衍有8个儿子，分别名为续、综、统、纲、绩、纶、绎、纪，都以“系”字旁表示辈分。

但是从魏晋到隋唐，在相当长的一段时间里，字辈并不被人们普遍接受，

自身也未形成严谨的格式，前后字辈间无明显联系。如唐高祖李渊诸子多以“元”字为辈分标志，有元吉、元霸、元庆、元景、元昌、元亨、元礼、元嘉、元祥、元则、元懿等一大串，但也有建成、世民、云智、灵夔等例外。唐太宗诸子多从“心”字，如恪、情、恽、慎等，但也有宽、治、泰、贞等例外。而且从“元”、从“心”都看不出前后世之间有什么内在或外在的联系。到中晚唐时，字辈的使用日渐规范。如平定安史之乱的功臣郭子仪，其子侄辈都从“日”字，如晤、旰、映、曜、晞、昢、暧、曙、昕等，且孙子辈都从“金”字，如钊、銛、锉、钢、锋、锐、锜、铸等。

到宋代，由于程、朱理学的盛行，“君臣父子”的伦理观念深入人心，而且私家族谱的大量修纂，促使辈分字制度日趋完善，不仅同一辈分字要求统一，而且上下世系（即辈分）之间也要求有一定的内在联系和外部表征。此时的辈分字不再是由父辈临时确定，而是已形成了整个家族的辈分字序列，列入了宗祠、族谱的规范之内。如赵宋皇族宋太祖赵匡胤的后代，其辈分字定为：德、惟、从、世、令、子、伯、师、希、与、孟、由、宜，每一辈占一个字。北宋名将杨业的8个儿子，分别叫延平、延定、延光、延辉、延昭、延郎、延兴、延玉，均以延字排名。到南宋时，此风更盛，并吸收了“木火土金水，五德终始，五行相生”的理念。如南宋大儒朱熹，其父名松，五行占“木”字，朱熹本人从“火”，儿子朱塾、朱埜、朱在皆从“土”，孙子朱钜、朱钧、朱鉴等皆从“金”，曾孙朱洽、朱济等皆从“水”。五代人占了五行相生的五个字，既能贯穿五代世系，又很容易区分五个辈分，实在是严谨、巧妙，颇具匠心。

元明两代，继承发展了这一姓氏文化特色。如明代皇室自朱元璋以下，一概用五行字辈。明成祖朱棣一代从“木”，仁宗朱高炽一代从“火”，宣宗朱瞻基一代从“土”，英宗朱祁镇、代宗朱祁钰一代从“金”，宪宗朱见深一代从“水”。然后又是一个循环，到熹宗朱由校、思宗朱由检（崇祯）时则是第三个循环开始。

字辈在明代发展的另一特点是，民间也开始普遍采用字辈谱的命名方式。如元末明初，与朱元璋同时代的福建学者吴海，在为《吴氏世谱》所作“谱例”中，就明确规定：“子孙名次，从水木火土金，行为一世，五行相生，循环无穷。”由此可见，最晚从元代起，民间已普遍采用了这种“以名系世”，预为子孙拟定字辈的做法。在传世的明、清族谱中，常常可见到字辈的记载。如创修于乾隆二年的《韶山毛氏族谱》中，就载有中湘韶山毛氏“派系诗”一首：

立显荣朝士，文方运际祥。
祖恩贻泽远，世代永承昌。
孝友传家本，忠良振国光。

起元敦圣学，风雅列明章。

毛泽东、毛泽民、毛泽覃三兄弟即是“泽”字派的排行。

通常，我们从一代又一代家族成员姓名中的每一个辈分字里看不出有什么深刻的含义，但纵观字辈谱就会发现，字辈谱的排行、用字不仅仅是子孙后代的血缘网络图，而且有着丰富的思想性和鲜明的时代特征。其中儒家宣扬的仁、义、忠、孝等观念，在长期的封建社会里受到特别的推崇。于是，以此为内容的字辈谱甚多。如江西吉安县梁氏的字辈谱为“道显家必兴，仁昌礼义乘”，把“道显”看作是“家兴”的必然条件，把“仁”看作是“至德”，而将“礼”与“义”归结于“仁”之下。

“忠君”、“孝亲”是封建时代伦理学说的主体，这在字辈谱中也有反映。如南昌罗家集韩氏的字辈谱“廷岁约用，惟君仁见”，强烈地表示只有国君才是效忠的对象。又如江西靖安熊氏的“孝友贤孙子”，及江西九江县吴氏的“孝友祯祥集”二谱，充分表达了只有“孝”才能富贵安康的鲜明思想。

此外，作为儒家学说创始人的孔子、孟子，在中国传统社会中历来享有至高无上的地位，所以字辈谱中崇尚孔孟便占有一定的比例。如南昌市罗家集李氏的字辈谱“孔孟新传日，一宗道光真”就是明显的例子。

对祖先的顶礼膜拜，祈求祖先的保佑以使子孙后代繁荣昌盛，这种传统的社会心态在字辈谱中也有反映。如江西省高安、奉新、靖安、九江等地的罗氏字辈谱“亨元会来时，贤祠遂昭穆”。“昭穆”是宗庙里祖先的牌位排列次序，左昭右穆，代表祖先。这两句话的意思为交了好运一定不要忘了祖先，虔诚地祭祀祖先，就能交上好运，就能保佑兴旺发达。又如江西靖安钟氏的“子孙永昌，宗先富长，顺龙有庆，发荣万方”，意思是说，子孙永远繁荣昌盛，是祖先恩泽绵延的结果。

另外，还有一些为当朝歌功颂德的字辈谱，如江西会昌县肖氏“大元宏运兴，开科登第显”。肖氏字辈谱作于元朝，谱中把元朝称为大元，感谢大元给肖氏带来幸福，带来家庭兴旺，带来及第荣耀。

在中国宗法制社会里，“光宗耀祖，扬名显亲”是儒士们的奋斗目标，也是教育子女的行为准则。在他们看来，自己的生命是祖先给予的，自己取得的地位越高，就越是对祖先的忠孝。字辈谱中表现这一思想观念的很多，如江西会昌县麻川乡林氏的“传宗衍祥长，世代振家兴”、湖南乡宁县谢氏的“光昌兴宗德，富贵古流传”就是典型的例子。又如江西龙南廖氏“绍庭为国瑞，兴彩振家声”，一个衣锦还乡、光宗耀祖的世家形象跃然纸上。诚实可靠、忠厚老实是中国人历来崇尚的美好品德，字辈谱中对这一民族性格极为推崇。如江西九江县阳氏与冯氏的字辈谱中都有“永正大光明”一句，告诫后代要永远光明磊落。

社会和平与稳定，是每一个时代人们安居乐业的基本条件，江西九江县高氏“万世愈昌宁，至道登朝贵”的字辈谱就表达了这种强烈的愿望。再如江西瑞昌县周氏的“洪宇庆升平”，表达了庆贺太平社会的喜悦心情。

知识链接

字辈谱

字辈谱一般是由家族中有权势的或辈分高、有一定文化的人商量而定的，只有孔姓的字辈谱是由皇帝亲自赐予的。元代，孔氏的第54代衍圣公孔思晦开始使用字辈，并定第55代为“克”，从第56代开始使用由元仁宗颁赐的字辈。即现在仍在使用的字辈谱：“兴毓传继广，昭宪庆繁祥，令德维垂佑，钦绍念显扬。”后来，孔门的三大弟子孟轲、颜回、曾参三姓后裔也使用这一字辈，这四姓字辈谱称为“通天谱”，即全世界的这四姓都用这套字辈谱。1920年，孔氏续修宗谱时，第76代衍圣公孔令贻又续订了第86～105代的字行：“建道敦安定，懋修肇益常，裕广焕景瑞，永锡世绪昌”。

按字排辈，在中国这个历史悠久、幅员辽阔、人口众多的多民族大家庭中，不仅在汉族家庭中普遍存在，在少数民族中亦时有所见，只是在表现形式和内容上有所不同。

生活在湘西的土家族人，称讲究字辈为“论字辈”，同样是为了长幼有序、血脉分明、族系巩固。这些字不是随意取的，一般都有一定的来历。所用的字代代相传，每隔数代，轮回反复，这样就出现了年龄、辈分混乱的现象，如土家族俗语所说：“四字轮，七字转，孙孙把做太公喊。”

畲族内部为了统一辈分，辨别是否为本族或本姓人，以及血缘的亲疏远近，各祠堂每若干年祭祖后便排行次。排字行时只有族长或参与排行之事的几位长辈才知内情，一般不向外宣布，因此畲族男女在生前都不知自己的行次，只有死后才由族里告诉家里人。排行时，先把本堂若干年内出生人的年、月、日登记出来，按辈分和出生前后进行排行。排行中辈分的区别，蓝姓以大、小、百、千、万、念6个字为行次，周而复始；雷姓以大、小、百、千、万5个字为行次；钟姓以大、小、百、万、念5个字为

行次。在一些民族中也往往用以代替某一代祖先的名讳记入族谱家乘，如“大三郎、小三郎、念七郎”等。西南地区的少数民族如贵州台江一带的苗族、大小凉山的彝族，排行是以父子联名的方式表达出来的。不同的是苗族儿子名在先，父名在后，相互称呼时一般只呼本名；彝族是子名前一个或前两个音节与父名后一个或后两个音节相同，如以古候氏为例，其祖、父、子三代的排行为：阿土古候—古候吼兹—吼兹伦得。

在一些受汉族姓氏制度影响较深的少数民族中，其使用的字辈谱，在内容上、文字上几乎与汉族一样。如广西罗城仫佬族银姓的字辈就是如此：

文章亨道法，老大聚恩廷，
济佩如良玉，安敦应景星。
邦家恒盛当，有则兆咸宁，
运启昌隆会，立朝万代兴。

作为中国姓氏文化形式之一的字辈谱，像一条连绵不断的生命之链，将同姓，同宗族人紧密地贯通在一起，具有很强的凝聚力和向心力。

第三节 取名方式面面观

自古以来，人们对后辈起名之事都非常重视。颜之推《颜氏家训》云：“赐子千金，不如教子一艺；教子一艺，不如赐子好名。”古人常说的“不怕生错命，就怕起错名”，也是同样的意思。

按照姓名学理论，姓名不仅代表孩子的身份符号，还有着影响孩子的深刻寓意。孩子一生有个靓丽、寓意美好的名字，不仅是文化层次、背景的体

现，而且也关系到他们一生的事业、婚姻、健康、学业和人际关系等。因此父母给宝宝起个好名字，使其名正言顺、事业有成、幸福快乐地过一生，是天下所有父母的美好心愿。

当然，给宝宝起个好名字并不是件十分容易的事，用华丽的词藻堆砌起来的名字也并不见得是好名字。

历代取名流行因素

芸芸众生，在其“符号”的发展史上，尽管千姿百态，五花八门，但万变不离其宗，大多涵化了一个最为基本的特征：人们命名是受时代、社会环境所制约和左右的。

1. 上古名号崇尚名以记事

夏商以前，是为上古。上古历史，颇多传说成分。但就传说中的人物来看，其氏族公号或私名，也有其显著的共同点，即崇尚名以记事，皆可望名知义。

《礼记·月令》疏云：“自少昊以上，天子之号以其德，百官之号以其征；自颛顼以来，天子之号以其地，百官之号以其事。”命名以其德、其征、其

炎帝故居

地、其事，都能望名知义。

传说中“王天下”的有巢氏、燧人氏、神农氏，望其名即可知其构木为巢、钻燧取火、力田于农的故事，这些都是“以其事”记其名的代表。“以其德”者，炎帝，太阳也，以火德王，故称炎帝；黄帝，以土德王，土色黄，故称黄帝。“以其地”者，伏羲居于东方，也称太昊氏；神农居于烈山，也称烈山氏；黄帝居于轩辕丘，也称轩辕氏，居于有熊，也称有熊氏。

2. 商代命名惯用干支

夏代用天干为名者不太多，夏王中只有孔甲、履癸用干支作为名字。到了商代，干支为名大行其道。商汤灭夏以前，报丁、报乙、报丙、主壬、主癸等都是用的天干名字。成汤即天乙，他和后面的30个商王也都是用的天干名字：天乙、外丙、仲壬、太甲、沃丁、太庚、小甲、雍巳、太戊、仲丁、外壬、河亶甲、祖乙、祖辛、沃甲、祖丁、南庚、阳甲、盘庚、小辛、小乙、武丁、祖庚、祖甲、廪辛、康丁、武乙、太丁、帝乙、帝辛（商纣王）。

由此可见，殷帝王命名的特点是纯取天干。在殷代，不仅帝王用干支取名，臣民也普遍把干支置于名中，如见于青铜器上的父丁鼎、父甲鼎、父丁爵、虎父丁爵、兮甲盘等。

甲骨文中发现有人名为“午”、“卯”的，表明地支为名也见于殷代。这时的臣民命名用干支，大多是以自己生日的干支为名。

3. 周代取名讲求“五则六避”

春秋战国时期命名，讲究“五则六避”。五则指婴儿出生时的信（生时生理特征）、义（非凡的相貌）、象（外貌的象形）、假（生时发生的事）、类（生日与父辈类同）。如周武王依手纹形状名“发”。六避指不用国名、不用官名、不用山川名、不用隐疾名、不用牲畜名、不用器币名。但也有例外，史书记载孔子名“丘”源于尼丘山之名，与“六避”原则不符。

讲究“五则六避”，是为避讳之滥觞，但由于“世乱不知礼”，遵从者甚少。倒是人们对没明确规定的取字志趣相投，人人都要讲究名与字相辅相成的辩证统一关系。故《白虎通》这样评价当时人们的名与字的关系：闻名即知其字，闻字即知其名。取名“五则六避”，以后历代相继沿用。特别应该指出的是，在中国古代，避讳愈来愈严格。古人在言谈和书写时都要避免君父尊亲的名字。对孔子及帝王之名，众所共讳，称公讳；人子避父祖之名，称家讳。避讳之法，一般取同义或同音字以代本字，或用原字而省缺笔画。有

些朝代，统治者还大兴文字狱，因此，在取名时，避讳是必须要慎重对待的一件大事。

周代，时人命字讲究同训、对文、连类、指实、辨物等。如孔子的弟子宰予字子我，郑国公子去疾字良等，即为同文相训；郑人公孙黑字子皙，卫人端木赐字子贡等，均为反义相对；孔鲤字伯鱼，屈原字平，项籍字羽等，则为辨物统类。

周沿承殷代，人名用干支者也很多，有的还配合阴阳刚柔，如郑人石癸字甲父。讲求五行生克，是周人的新发明。

受语言文字常用无意义的助词的影响，先秦人名在书写和称谓时，往往注入像“之”、“不”之类的发声字，如介之推、烛之武、韩不信、申不害、吕不韦、梁不疑等。名中的“不”、“之”字并无含义，只是为了书写的美观（古文书写讲究上下行文）和诵读的上口，由别人加上的。后人不知者，将其看成是名字中的一个部分，实则不然。

4. 新莽王朝流行单名

两汉以前，两字名与三字名并行，但以两字名为多。东汉以后，盛行取两字名，只是在取字时才用三字名。这种取名习惯一直延续到隋唐五代。隋唐开始，三字名又逐渐出现并渐趋流行。因此，在中国古代四大名著中，《三国演义》中的人物，除复姓外，均为两字名，如曹操、袁绍、刘备、孙权、关羽、张飞、周瑜、蒋干、黄盖等。姓与字连起来却是三字。从宋代开始，中国人的取名形式渐趋固定，有了两字名、三字名和名、字、号等多种形式。《西游记》与《水浒传》分别是描述唐代与宋代史事，书中的人名两字名、三字名并用；描述清代史事的《红楼梦》一书中的人物，三字名已经超过了两字名。解放以后，人们取名或取两字，或取三字，相比起来，三字名显然多于两字名。近几年，又逐渐流行两字名。

单名泛滥，开始于王莽。《汉书·王莽传》有“匈双单于顺制作，去二名”之语。其长孙王宗谋反未遂自杀，莽又谕其复名会宗。可见王莽对二名的不快和对单名的偏爱。如此一贬一褒，上行下效，黎民百姓均起而仿之。一时间单名遍天下。受其影响，单名之盛持续了近300年，直至魏晋以后，单名还多于三字名。

秦汉时期，人们取名时还增加了一些取名方法，如尊老、排行、美辞等。如张禹字长子、杜友字季子、羊祜字叔子、承宫字少子，若不看其名，只认其字，说不定还会把他们当成一家人呢，这是排行字加尊老字混用的例子。在字中加入美辞是汉以后至魏晋隋唐历代传颂不疲的取字方法。其中，尊老美辞如公：周瑜字公瑾，杨仪字威公；称谓美辞如子、卿：苏武字子卿，司马相如字长卿；身份美辞如士：庞统字士元，陆晔字士光；形容美辞如孔：诸葛亮字孔明，陈琳字孔璋；德性美辞如德：杨修字德祖，刘备字玄德，张飞字翼德；行为美辞如奉：吕布字奉先；如此等等。

5. 魏晋六朝“之”字入名成风盛

魏晋南北朝时期，社会分崩离析，处于整合之前的无序状态，玄学、道学、佛学盛行。南北朝又由于骈体文的影响，使该时期的名字文化出现了知天乐命、皈依宗教或模仿骈体文的形迹，多佛、法、僧、宝、玄、道、之等字，如郦道元、檀道济、张僧繇、祖冲之、王羲之、颜延之等。

王羲之

在两晋十六国至南北朝统计的301个样本中，上述常用字在人名中的出现率占1/3。特别是“之”字尤其受宠。以书法大家王羲之为例，6世有晏之、允之、羲之等，7世有玄之、凝之、献之、望之等，8世有桢之、静之、镇之、弘之、纳之等，9世有悦之、标之、唯之等，10世有秀之、延之、舆之等。

以“之”字立名者均是当时的显官与望族。之字在上下辈、平辈间纵横袭用，或数代相连，或相连中偶又断开，或仅兄弟同用，或仅一人效尤，似乎“之”字是贵族子弟的特别标志。

6. 唐代名与字相同

名与字各司其职，“名以正体，字以表德”。然唐代却流行名字相同之风。名是用来自称的，字是让朋友呼唤以示尊重的，但唐人也许为表自谦，也许为示标新，名与字多类同。如郭子仪字子仪，李白字太白，孟浩然字浩然，张巡字巡，田承嗣字承嗣等，是为一种盲从的风尚。

另外，唐朝，历经贞观之治、开元盛世的强盛，是中国历史上一个典型的整合时期，社会系统扰动较小，疆域辽阔，人口激增，社会文化艺术上处于一个兼容并蓄、收放自如的阶段，人文精神与传统优秀文化得到全面发扬，

普遍存在天朝大国的自尊心理。命名上多引经据典，多用名人字入名，“文、德、武、儒、雅、士、颜、渊”为文人入名常用字，名字文化体现出时代富足、宽容、自尊、礼义、尊古、攀比的盛唐社会人文氛围。如白居易（字乐天）、陆羽（字鸿渐）。同时，人口增多（唐都长安是当时世界上首个人口超百万的城市），复名使用率也增高。有人抽样统计唐朝400个人名样本，其中复名率高达60.5%。

7. 五代人名喜用“彦”

五代十国，兵灾频仍，群雄割据。这期间有一怪异现象，即命名多喜用“彦”字。有人统计，自唐末至宋初，见于史册的大小人物共145人，其中名彦章者7人，彦超者11人，彦威者7人，彦卿者1人。清人赵翼《廿二史劄记》“五代人多以彦为名”条云，彦本美名，才人多以为名：唐末有宰相徐彦章，左拾遗徐彦枢，供奉官史彦琼，宦官支彦勋。梁有铁枪王彦章，统兵大将谢彦章，节度使卢廷彦、寇彦卿等，不胜枚举。

8. 宋代喜用“老”、“叟”为名

以“老”、“叟”、“翁”、“父”等老态龙钟的字命名取字之风至宋大盛。以老命名者：刘唐老、高商老、刘德老、李商老、赵子老、孟元老等；以叟命名者：刘温叟、陈尧叟、汤莘叟、蓝明叟等；以翁命名者：文及翁、张山翁、程楚翁等；以父（甫）命名者：刘圻父、盛申甫、王吉甫等。

另外，宋人命名喜用五行相生之义序辈。如金生水，则父金子水；水生木，则父水子木。宋代理学大家朱熹，父名朱松，子名朱塾、朱野、朱在，孙名朱钜、朱钧、朱鉴、朱铎、朱铨，曾孙名朱渊、朱洽、朱潜、朱济、朱浚、朱澄。五代人名的偏旁正好是木、火、土、金、水，命名皆以五行相生序辈。同代大奸臣秦桧、子熺、孙堪，也是五行序辈一例。

9. 辽金元“奴”、“哥”入名者众

清人汪辉祖《三史同姓名录》中载有诸多的以哥、奴为名的名单，充分证明了时人取名以奴、哥为时髦的怪异现象。

其一是带宗教气氛的：如观音奴、文殊奴、金刚奴、罗汉奴、佛家奴、三宝奴等；

其二是带奴隶意味的：如乞奴、百家奴、大家奴、王家奴、官奴、谢家奴等：

其三是带卑贱意味的：如铁哥、秃哥、斜哥、乞哥、奴哥、喜哥、阿木哥、钱哥、陈哥、常哥、五哥、六哥等；

其四是携外族气的：如帖木哥、蒲奴宁、刺哥、银木哥等。

命名加的奴、哥字，是异族人汉化的标志。随着占据时间的加长，汉文化的外渗内透，两种文化相互掺杂，又出现了金人多加汉名和元代汉人多起蒙古名的现象。

10. 明清名字命名多样化

明清之后，天地的绝对权威开始崩溃，人文主义思想深入大众，礼义观念世俗化。名字文化中开始出现族谱命名法、俗字命名法。梅、兰、竹、菊和富、贵、福、禄、寿等字被广泛入名，偶合了时代保守、求全、衰败的小农式社会人文地理文化。

11. 近代以后名字用字时代特点突出

近代以来，特别是五四运动以后，随着社会变动的加速，在名字的使用上，时代特点更加鲜明，同时，地域特点也有所展现。

甲午战争失败后，国家瓜分之难在即。感于救亡的急迫与启蒙的必要，士子多取名“强华”、“振夏”、“觉民”等。后来渐渐冲出国门，扩至“振亚”、“涤欧”等。最后竟走向世界，叫“振球”、“振寰”的也大有其人。北洋政府时期，自由空间受限，士子锋芒暂敛，取名上一反常态，以追求闲云野鹤为时尚。上海滩上出现了不少孤鸿、小凤、凤仙这样的名字。五四前后，民主与科学大行其道，人名也迅速有所反映。胡适本人改名为“适”，一位表兄改名“竞存”，另一位表弟改名“天择”，意在表示信服达尔文的进化论。胡适留美后，服膺杜威实用主义，两个儿子一个改名“服威”、一个取名“思杜”。柳亚子于1903年因接受卢梭学说，改名“人权”，表字“亚卢”，以亚洲卢梭自居。20世纪中期新中国成立前后，以“建国”、“解放”为名者很多。50年代，社会生活政治化，运动一波接一波，人名也多跟着政治走，如“抗美”、“援朝”、“跃进”等。还有“卫星”、“迎星”，纪念1957年苏联第一颗人造卫星升空。60年代则多“文革”、“卫东”、“保红”、“永革”、“卫红”。著名乒乓球运动员马文革就是一例。70年代兴单名，由于个性萎缩，不敢突出个人愿望，“革”、“红”仍然居多。80年代回归传统，政治色彩日渐变淡，姑娘起名有了女性味儿，如“雯雯”、“静慧”，小子取名则“俊”、“杰”、“智”、“勇”。至于“王后”、“王子”等名字就更加个性化了。进入

90 年代以后，随着社会发展的多元化，取名的自由度更大，而且越是开放程度高的地方，姓名就越有特色越富个性化，“刘星雨”、“童画”、“童谣”、“施歌”、“田蜜蜜”这些富有诗意和浪漫气息的名字也成为时尚。

近年来，各地四字姓名人口数不断增长。以北京为例，起四字名者从 20 世纪初期到 80 年代之间涨幅平缓，80 年代之后开始跳跃式增长，目前已达 1 万余人。据 2007 年 6 月统计，北京的四字姓名人口数为 11198 人，接近北京市人口总数的 0.1%。而四字姓名前十名中有 9 个都是少数民族姓名，非少数民族姓名中只有“杨春白雪”跻身前十。此外，公安部起草的《姓名登记条例（初稿）》，首次规定允许公民起名采用父母双方姓氏，但不算复姓。此外还规定姓名字数，除少数民族等特殊情况外，不得超过 6 个汉字。专家预测，法规实施后，将有可能出现四字姓名大量增加。目前越来越多的新生儿被冠以四字姓名，北京市四字姓名有近七成集中在 25 岁以下人口群，共计 7768 人。民间已经出现了诸如“王妃格格”、“齐乐融融”、“张弛有度”等朗朗上口的四字姓名。

古今重名现象

1. 古代人的重名

据研究，人名常用字只有 1000 多个，时下又流行两字名，因此，同名同姓的现象很常见，特别是在一些常用姓氏中，同名同姓的人很多。以人数不超过 1% 的韩姓来说，历史上也不乏同名同姓的人。臧励和等编撰的《中国人名大辞典》，收录的先秦到清初的韩姓名人，重名的有：两个韩文，一个是明代人，官至陕西副都御史。另一个也是明代人，他出生那一天，父亲梦见一个紫衣人抱送文彦博（北宋人，官至宰相）来到自己家里，便给孩子起名叫“文”。他后来终成大器，累官至户部尚书。两个韩旭均为明代人，一家淮阳，一家浙江，都是花鸟画家。两个韩婴，一个是汉代韩王信之孙；一个是汉代燕人，《韩诗外传》就是他所著，他曾与汉代儒学宗师董仲舒辩论于汉武帝面前。由于他处事精明，能言善辩，董仲舒亦奈何他不得。两个韩信均为汉人，一个是韩襄王的后裔，因封韩王，故称韩王信；一个是汉初三杰之一的韩信。其他还有两个韩弘、韩永、韩说、韩综、韩摺、韩娥、韩洪、韩奕、韩镛、韩俊、韩廉、韩政、韩观，三个韩浩、韩福。当然，这些都是韩姓名人中的重名现象，那些名不见经传的韩姓人，重名现象肯定更加突出。而对于人数 5 倍、10 倍于韩姓人的李、王、张、刘、陈等姓族来说，不但名人当中的重名现象更加多见，而且可以想见在姓氏出现之后数千年的历史长河中，难免有无以数计的同名同姓之人。

2. 今人重名现象

“博客中国”利用自己研发的小程序，统计网民在“博客中国”注册时填写的“真实姓名”得出了当今中国重复最多的10个名字：刘波、李刚、李海、张勇、王军、王勇、张伟、刘伟、王伟和李伟。其中刘波有130万个，李刚有95万多个，其他几个也在70万~90万个之间。这个结果虽然科学性不是特别高，但足以反映目前重名现象严重的现状。

2007年，公安部全国公民身份证号码查询服务中心利用全国公民身份信息系统对全国直辖市、省会市共计31个城市2亿多公民的身份信息数据进行初步的姓氏统计研究调查显示，“第一大姓名”中，全国前四位都带“伟”字。在31个城市中，“张伟”位居榜首，2亿人中共有59275个“张伟”，“王伟”、“李伟”与“刘伟”则分别列第二、三、四名。

下面列举中国一些大城市重名最多的10个名字（每组均按重名由多到少排序）：

北京：张伟、王伟、刘洋、王磊、李伟、王敏、张磊、王静、李静、王秀英。

哈尔滨：刘洋、张伟、王淑珍、王伟、刘伟、王桂兰、王晶、李伟、王淑华、王淑兰。

石家庄：李娜、李静、张静、王静、张伟、李伟、王伟、张磊、王磊、李宁。

上海：陈洁、张敏、张伟、张燕、王秀英、张秀英、张磊、王伟、陈燕、张杰。

沈阳：刘洋、王丹、张伟、王伟、李丹、李伟、刘伟、王丽、张丽、王静。

杭州：王芳、陈燕、王伟、王燕、陈洁、陈伟、陈杰、陈敏、李萍、陈超。

济南：王伟、王静、李静、张伟、李娜、李伟、张静、刘伟、李强、王秀英。

武汉：张敏、王芳、张伟、李伟、李俊、张勇、张静、王敏、李军、李静。

郑州：李静、王静、李伟、王磊、王伟、李娜、张伟、张磊、张静、王芳。

西安：李娜、王静、王磊、王伟、张涛、王涛、张伟、张静、李静、张磊。

太原：张伟、李强、王芳、王伟、王强、李娜、张磊、李鹏、李静、张静。

兰州：王秀英、张秀英、王秀兰、王玉兰、张玉兰、张秀兰、李秀英、王军、王芳、王桂兰。

西宁：马秀英、马秀花、马玉花、马秀兰、马军、马玉梅、马桂花、马玉兰、马阿舍、马金花。

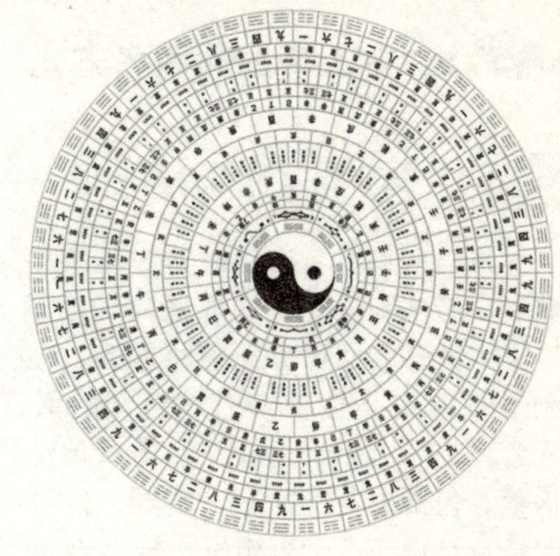

五行八卦

广州：陈志强、黄志强、李志强、陈伟强、陈俊杰、陈妹、梁妹、黄俊杰、陈志明、陈丽华。

成都：张勇、王勇、李勇、李强、张敏、刘勇、陈勇、王强、张伟、张静。

贵阳：王勇、杨梅、陈勇、王敏、王燕、张勇、刘勇、王丽、王艳、杨勇。

昆明：李秀英、李桂英、李伟、李琼山、李琼芬、李凤英、李艳、李凤仙、张秀英、李俊。

呼和浩特：李娜、王秀英、张秀英、张磊、刘洋、李秀英、王芳、王磊、张敏、李强。

南宁：黄秀英、黄桂英、李秀英、黄秀、李桂英、黄敏、黄月英、黄丽娟、黄静、黄秀兰。

福州：林芳、林英、林辉、陈辉、林燕、陈英、陈云、林华、林伟、林娟。

海口：陈燕、王燕、王芳、林燕、王敏、陈海燕、陈玉英、吴海燕、王玉英、王海燕。

从全国 31 个省会市、直辖市的姓名统计情况来看，前 10 名中两字名居多，主要也集中在姓氏统计中王、张、李、刘、陈、黄等“大姓”之中。从各城市重名情况中，可以粗略看出该城市的大姓分布、取名喜好等多种信息。

古人常用的取名方式

1. 五格剖象取名法

五格剖象取名法是根据《易经》的“象”、“数”理论，依据姓名的笔画数和一定规则建立起的五格数理关系，并运用阴阳五行相生相克的道理，来推算人的各方面运势的一种方法。“五格剖象取名法”是由日本人熊崎健翁所创研的。20世纪30年代，台湾的留日学生白惠文（原名白玉光）将此法引入台湾，后流传于大陆。它是以单纯的姓名笔画数来判断一个人命运的吉凶祸福，包括事业、家庭、婚姻、健康等。它将姓名笔画数所代表的吉凶祸福的信息整理在一个表格里，根据姓名笔画数，在表格里就能查到相应的信息。

2. 五行相生取名法

古人认为，五行是相生相克的。五行相生，即土生金、金生水、水生木、木生火、火生土，土又生金，如此循环往复，以至无穷。五行相克，即金克木、木克土、土克水、水克火、火克金。

旧时，每当孩子出生时，父母都要请人测一测孩子的五行全不全。其根据是孩子出生时的年、月、日、时“四柱八字”。按照五行取名法，八字中五行不全的在取名时应当补全，如八字中缺土，取名时就应找一个土字旁的字；八字缺水，取名时就应找一个水字旁的字。

古人取名，特别是宋元以后，都十分注重五行理论的运用，因为他们认为天地万物是由金、木、水、火、土五种元素组成，世间诸般和谐皆由于五行的生克制化，“五行取名”就是按照这种原理去实现五行的平衡。如明太祖朱元璋的子孙就是按木生火、火生土、土生金、金生水、水生木的五行相生关系取名的：

成祖朱棣（木）→仁宗朱高炽（火）→宣宗朱瞻基（土）→英宗朱祁镇（金）→宪宗朱见深（水）→孝宗朱祐樘（木）→武宗朱厚照（火）→穆宗朱载重（土）→神宗朱翊钧（金）→光宗朱常洛（水）→思宗朱由检（木）。

3. 十二生肖取名法

民间常以十二生肖论年份，如猴年、马年、龙年、蛇年等。因生肖纪年比干支纪年要简单、形象得多，故多为民间百姓所采用。生肖有十二个：

蛇　鼠　牛　虎

兔　龍　馬　羊

猴　鷄　狗　猪

十二生肖

鼠、牛、虎、兔、龙、蛇、马、羊、猴、鸡、狗、猪。地支也是十二个：子、丑、寅、卯、辰、巳、午、未、申、酉、戌、亥。它们依次对应，配搭成双。根据这种取名法，十二地支有相冲、相害、相合的关系。因此，取名便须考虑生肖，与生肖（及其相配的地支）相冲、相害为凶，相合则为吉。即对于不同年份（用生肖表示）出生的人，在取名时有用字上的宜忌吉凶。

这种取名法有时还把姓氏纳入其中，称为“姓氏生肖”：一是有的姓氏直接属于生肖姓。如马、牛、羊、龙；二是姓氏中含有生肖中的某个字，因而便间接地属于生肖姓氏。如冯、骆属马，庞、龚属龙；三是由于地支与生肖有固定的搭配关系，因此含有地支中某个字的姓，也归于生肖姓之列。如孙、孔、季、游都含有子字，故属鼠。带有姓氏生肖的姓名也要遵循十二生肖取名的规则。

姓氏生肖以及生年生肖之所以有上述取名宜忌，只不过是出于一种附会性的联想，并无科学根据。

知识链接

宋代取名以老为美

宋代结束了五代长达半个多世纪的纷争，建立起专制主义中央集权的封建王朝，但由于冗兵、冗官、冗费的内在矛盾与日俱增，造成积贫积弱的局面。由于宋代奉行重文德轻武功的政策，面对辽和西夏的侵扰威胁，采取忍让媾和等措施，导致国脉不振。体现在思想文化上，由儒学发展而成的理学不再强调积极入世、兼济天下，转而提倡人格的陶冶与道德的修炼，把实现理想的人格作为人生的追求。这种观念也在宋人取名中得到明显体现，当时人们多选取与修身有关的、表现美德美行的字眼作为人名，如开国元勋、位至枢密使的曹彬，“彬”指文雅。《论语》中说：“文质彬彬，然后君子。”彬彬，即文质兼备的样子。吕端曾任宰相，为人持重识大体，被宋太宗誉为“吕端大事不糊涂”。“端”，取正直、公正之意。理学家真德秀，“德秀”指品德操守杰出优秀。抗金名将、功封蕲王的韩世忠，“世忠”，意为世代忠诚无私。词人周邦彦，“邦彦”取自《诗经》，意指国家的优秀人才。

宋人取名的另一个特点是喜欢使用“老”、“父”、“叟”、“翁”一类表示年长老迈的字作为人名，既说明当时人们期盼健康长寿的美好愿望，也流露出以老为美的社会风气，与宋代社会优礼老人不无关系。因此，许多人在取名上故作老气横秋之态，如撰写《东京梦华录》的孟元老，以“老”字命名；史学家、撰写《三朝北盟会编》的徐梦莘，字商老，以“老”字为字；精于算术、历法的刘義叟，以“叟”字为名；诗人张舜民，字芸叟，以“叟”字为字；诗人刘辰翁，以“翁”字为名；理学家朱熹，号遁翁，以“翁”字为号……凡此种种，不一而足，开创一时之风。

第四节 姓氏与古代政治伦理

中国是世界上最早采用姓氏制度的国家。作为中华文明的一种特殊的文化形态，人们可以从古往今来的姓氏源流、繁衍与人名的纷纭多彩中去体味中国文化的博大精深，探索其深刻的文化内涵。

姓名与政治

姓名虽然是一个人社会存在的标志，是一个人区别于其他人的一种符号，但与政治有着密不可分的关系。

先从秦始皇的姓氏说起。秦人姓嬴，后人往往称秦始皇为嬴政。其实，秦始皇并不姓嬴，而是姓赵。据史学家考证，秦始皇是少昊氏的后裔，始祖伯益因辅佐大禹治水有功，被舜帝赐姓嬴。他的子孙因有功，在商代被封为诸侯。在周代，其后裔飞廉之子秀胜有个曾孙叫造父，是周穆王的驾车大夫，因平定徐偃王之乱有功，被封在赵（在山西洪洞县北赵城），称为赵氏。周孝王时，其后人又被封到秦邑，由此发展成春秋时的诸侯国——秦国。公元前259年，即秦昭王四十八年，秦始皇出生于赵国都城邯郸，其父子楚是秦昭王之孙，当时被派在赵国当人质。因此，《史记·秦始皇本纪》称他“姓赵氏”。另有一说，汉代的《淮南子》一书认为：“秦王赵政，兼吞灭天下而亡。”秦始皇生于赵国，因此以赵为氏，叫赵政。后来变氏为姓。所以，秦始皇叫赵政既符合今人一般将姓氏作为标志父系血缘的习惯，也符合古人“女子称姓，男子称氏”的习惯。把秦始皇叫做嬴政不过是现代史学家表述时的约定俗成而已。

嬴政13岁即位为秦王，史称秦王政。22岁开始亲政。经过多年征战，他先后灭掉韩、赵、魏、楚、燕、齐六国，于公元前221年，建立了中国历史上第一个统一的、多民族的、专制主义中央集权制王朝。

嬴政为吞并六国、君临天下的功业所陶醉，不再称王，创设了皇帝的称号。

秦始皇嬴政

中国从夏代建立起国家，国家的最高统治者即君主的称号，夏代初立时称“后”，又称“王”；至商、周时代，一般称为“王”或“天子”。战国中期以后，周天子的权力日益衰微，各国诸侯相继称王。

统一全国后，嬴政已不满足于称王，他认为，“天下大定，今名号不更，无以称成功，传后世”，于是在朝廷上开始“议帝号”之事。丞相王绾、御史大夫冯劫、廷尉李斯与群臣商议后上书奏称：“古有天皇，有地皇，有泰皇，泰皇最贵。”请秦王上尊号为“泰皇”。但嬴政认为自己“德兼三皇，功过五帝”，将三皇五帝的名号合一，自称“皇帝”，认为这才是旷古以来最崇高的称号，并重申：“朕为始皇帝。后世以计数，二世三世至于万世，传之无穷。”从此，“皇帝”作为中国封建王朝最高统治者的专称，为历代所沿用，直至清末。

除了“皇帝”之外，古代皇帝还有许多称谓，如“九五之尊”、“陛下”、“天子”、“上”、“官家”、“天家”、“至尊”、“人主”、“乘舆”、“车驾”等等，多达数十种称呼。还有一些本不是皇帝自称的，如“朕”、“寡人”、“孤”等，也变成了皇帝的自称，他人不得擅用。

此外，为嬴政上位号的同时，王绾等人还提出“命为制、令为诏”，天子自称“朕”的规定，得到批准。此后，皇帝的名位制度在汉代得到进一步发展、充实与完善。如汉朝天子正号叫“皇帝”，自称“朕”，臣民称之为“陛下”；皇帝发布的话叫“制诏”，史官记事叫“上”，皇帝的车马衣服器械各种物品叫“乘舆”，皇帝的印叫“玺”，皇帝所到之处叫“幸”，如此等等，不一而足。此外，还制定出年号、庙号、谥号、尊号、陵寝号等一系列体现封建皇权的典章制度。

年号

年号，是历代帝王为了纪其在位之年而立的名号，也是用来纪年的名号。新皇帝即位，必须立一个新的年号，称“立号改元”，用来改换前一朝皇帝在位时的纪年顺序，以表示自己正统地位得到确立。用年号纪年之前，纪年办

法是以帝王、诸侯即位的年次来记事，只有年数，而无年号。以年号纪年，始于汉武帝建元元年（公元前140年）。汉武帝在位54年，共有11个年号，前6个年号，每6年一换；后4个年号，每4年一换；最后2年，汉武帝去世。从汉武帝建元以后，凡新君即位，照例于次年改用新年号纪年，历代相承。明朝以前的皇帝，往往改元一两次乃至十几次，因此一帝不只一个年号。如唐高宗在位34年，共有14个年号。唐武后（武则天）在位21年，年号多达17个。明清两代基本上是一帝一号，只有明英宗有“正统”、“天顺”两个年号。明清以前各朝，因一帝常有多个年号，因此难以用年号代表这个皇帝本人；明清两代因基本上一帝一号，所以常以其年号作为帝王称谓，如“康熙”是清圣祖玄烨的年号（1662—1722年）；也可用玄烨的称谓，称康熙皇帝。

年号初创时，多与祥瑞和重大变故有关，后来则与当时的政治密切联系，反映出当时的时事或政局，体现出皇帝治国的动向。如明朝开国皇帝朱元璋的年号为“洪武”，体现他以武安邦定国的尚武思想。继位者朱允炆年号为“建文”，意在建立文治。而朱元璋之子朱棣夺得帝位，成为明成祖，年号为“永乐”，寓意营建出永远安乐的局面。年号一般是两个字，如“贞观”、“熙宁”、“嘉靖”、“乾隆”等；三个字的较少，如南北朝梁武帝时有“中大通”、“中大同”两个三字年号。四个字的年号，如宋太宗时有“太平兴国”。六个字的年号极个别，如西夏景宗时有“天授礼法延祚”。

庙号

庙号，是指皇帝去世后受后世祭祀的庙宇称号。早在原始母系社会就已产生祖先崇拜，凡祖先去世，氏族都要为死者设立偶像即“主”，或代表偶像的牌位，建庙祭祀。为区别不同祖先的庙，每个主或庙均有名称，在祭祀时用该主或庙的名称指称其所代表的先祖。后来，发展成古代帝王、诸侯、大夫等人祭祀其祖先的特定场所，称宗庙。历代帝王将宗庙与社稷作为王室与国家的代称。帝王的祖庙称为太庙，诸侯、大夫的宗庙称为家庙。帝王去世，在太庙内立室奉祀，特立名号，称之为“庙号”。

庙号之制始于商代。周代没有庙号，帝王去世后是以谥号相称。按照古代宗庙制度，只有同时祭祀的几世祖先才可以建立庙堂。他们按嫡传世系排列，接受后人和群臣的朝拜献祭，根据去世皇帝的世系及其在世时的政绩确定祭祀地位，被称为“祖”或“宗”。一般以开国皇帝的庙号称“祖”，如太祖、高祖或世祖，其后嗣君一律称“宗”，如太宗、中宗、高宗、世宗等。《孔子家语》中称：“古者祖有功而宗有德，谓之祖宗者，其庙皆不毁。”说

的就是这些有大功大德的帝王去世后，享受随世代推移而不毁庙的待遇，应得到世世代代的献祭。历史上，庙号称为“太祖”的，如赵匡胤为宋太祖，朱元璋为明太祖，努尔哈赤为清太祖。宗有崇敬崇高之义，专指嫡系即皇族王族的宗主，如唐太宗李世民、宋高宗赵构、清太宗皇太极。

西汉初年，汉景帝刘启诏令群臣议庙号，刘邦的庙号定为“太祖之庙”，文帝刘恒的庙号定为“太宗之庙”。东汉以后，为每一个去世的皇帝定庙号成为规制，此后历代相承。南北朝时，称祖称宗的庙号开始泛滥。唐代以后，帝王去世后定庙号，开国君主称为“祖”，其余称“宗”，不再按世系和政绩排定。历史上，只有明成祖朱棣特殊，他以燕王身份发动“靖难之役”，历经4年战争，夺得帝位，庙号初定为“太宗”。其后明世宗朱厚熜以其重新奠定明朝的鸿基大业，功德可以比拟太祖朱元璋，遂改其庙号为“成祖”。

谥号

谥号，是指古代帝王或高官显爵去世后，国家或宗族按照其一生事迹，给予他一个褒贬善恶的称号，带有盖棺论定的意味，相沿成制，称为“谥法”；所给予的称号，名为“谥号”。

谥法起到“别尊卑”、维护封建等级制度和惩恶劝善、维护封建礼教的作用，因此深为历代统治者所重视。谥法制度产生于西周，与封建社会相始终，其间有渐变的过程。据《穆天子传》一书记载，周穆王时美人盛姬去世，穆王极为哀痛，下令以皇后礼安葬，谥盛姬为“哀淑人”。这被认为是谥号之始。以后，周王、诸侯去世后避讳其名，循此例而另起美称，生时称本名，称尊号；去世以后称谥号，因此谥法又称为“易名礼”或“更名典”。

春秋以后，周室衰微，诸侯、大夫的谥号多由其子弟大臣议定，出现了私谥。秦始皇统一全国以后，为禁止后人妄加评论，下令废除谥法。汉代以后，恢复了谥号制度，并对给予谥号作了严格规定，把谥号作为神化皇帝的工具。谥号由礼官议定，群臣上奏，呈请新皇帝裁定。从汉至晋，谥法日趋严密，至唐宋，达于极致。延至明清，已成为僵死的制度。1911年，辛亥革命结束了中国长达2000多年的封建统治，谥号制度也随之废止。

谥号分公谥与私谥。公谥，即王朝赐谥，由封建王朝颁给，除帝王之外，还包括后妃、太子、公主、宗室以及百官的给谥。私谥则是人们相互之间私相授受的赠谥和民族政权或邻国不经中央王朝奏请而自行决定的谥号。

公谥中以帝谥最为重要，虽然谥号与庙号均用来称呼去世的帝王，但庙号主要是其祭庙或太庙祭室的名称，而谥号才是去世帝王以讳代生名的称号，所以庙号一般以一个字加上祖、宗的字样，而谥号则多至2字以上，甚至有的20

余字；而且庙号用字，多来自谥法。谥号一般在葬前丧礼时奉上，但也有事后追谥、改谥、加谥的，均以最后一次为准。帝谥的美恶高下不在于用字多少，最初多用单字，后发展为一两字兼用。从唐代开始，为突出帝王的特殊地位，谥号加长，以后的各朝皇帝更变本加厉。清太祖努尔哈赤的谥号长达25个字，成为谥号字数最多的帝王。不管谥号多长，最重要的是最后一个字，所以，努尔哈赤的谥号简称为“高皇帝”。帝王的美谥，唐代以前较为质朴，大多以“文”、“武”、“高”、“大”等字为谥号，后来又将“神”、“圣”、“尧”等字引入谥号，以一大堆最美丽神圣的词汇堆砌而成，多为溢美之辞。百官谥也有美谥、平谥和丑谥之分。美谥中以“文”、“武”、“忠”、“孝”、“贞”、“正”等字为上等美谥，而“荣”、“思”、“密”、“刚”、“夷”、“丁”等字则为寓有贬义的下等谥字。其中以“文”谥的声誉最高，百官以谥“文”为荣。

私谥又称乡谥，在春秋末年已经出现，宋代达于鼎盛，至民国时仍有人沿用。私谥的对象大体包括民间造诣高深的学者、隐逸之士、德高望重的地方贤达、忠义节烈之士、孝悌子弟、贞节妇女等几类人。私谥的号，视职业、地位与时代不同，常缀以“先生”、“处士”、“居士”、“子”等字样。如东晋陶渊明，为西晋大司马陶侃之后，家道中落后曾一度出任彭泽令，不为五斗米折腰于乡里小人，辞职返家，躬耕隐居，以诗文自娱，其所作《归去来兮辞》、《桃花源记》古今传诵，鲁迅先生称其为“伟大的田园诗人”。友人颜延之慕其志向高洁，私谥其“靖节先生”，赞其洁身自好的志节。隋代大儒王通，好学不倦，弃官归隐，退居河汾，著书讲学，门徒数千，隋唐之际的名学者如薛收、房玄龄、李靖、魏徵多出其门下。他著述颇丰，著《中说》十卷行世，后病逝于家，门人私谥其为“文中子”。

尊号

尊号，是臣子为当代皇帝所上的尊敬的名号。夏、商、周三代的帝王称“天子”、“帝”、“王”、“后”。秦始皇统一全国后，正式把最高统治者的尊号定为皇帝。以后，历代均有上尊号之事。从唐朝武则天开始，上尊号变成皇帝生前由臣子在“皇帝”之外另加若干溢美之词的特指，并逐渐形成一种礼仪。尊号已不再是包含谥号、庙号等皇帝称号的统称，而是皇帝生前所上的一种特有的称号。历史上，上尊号最多的是唐玄宗李隆基，在位时先后上过6次，退居太上皇之后又上了一次尊号，尊号字数长达16个字。以后，辽、夏、金、北宋各朝均相沿此制，辽代更发展扩大到为皇太后上尊号。宋神宗以后不再上尊号。明清时期，转为皇太后不仅上尊号，而且还可以多次增加字数，如清朝慈禧太后的尊号多达16个字。

与谥号有官谥、私谥之分一样，尊号也分官尊与私尊。官尊为官方的尊号；私尊则是民间私下敬崇的尊号，主要是门徒弟子对老师的敬称，以南宋以后和明清时期最为流行。如南宋理学家、史学家吕祖谦，与朱熹、张栻齐名，时称“东南二贤”，博学多识，开浙东学派先声，有《吕东莱集》传世，学者尊称他为“东莱先生”。明清之际的思想家黄宗羲，字太冲，号南雷，又号梨洲，与顾炎武、王夫之同为明末清初三大思想家，一生著述宏富，被学者尊称为“梨洲先生”。

陵号

陵寝之号又称陵号，是皇帝去世后坟墓的专用称呼。一般根据去世皇帝一生的行迹特点概括拟定。中国的陵寝制度伴随封建专制主义的形成而确立，是推崇皇权与维护身份等级制度的一种手段。从历代陵寝制度的演变，往往可以反映出每个朝代的兴衰。陵寝制度大约出现在战国中期，秦始皇开了封建帝王埋葬规制和陵园布局的先例。西汉实行帝后合葬，还实行功臣勋戚陪葬制。东汉以后，确立了一系列陵寝制度，皇帝生前大规模营建陵墓，设有专门的官署守护，并进行日常洒扫祭祀。陵号则包含世系、颂扬、尊崇、怀念、求佑等内容。如汉高祖刘邦的陵号为“长陵”，汉武帝刘彻的陵号为“茂陵”，宋太祖赵匡胤的陵号为“永昌陵”，明神宗朱翊钧的陵号为“定陵”，清高宗弘历的陵号为“裕陵”等。

知识链接

皇帝的称呼

帝王的称号中以谥号最为普遍，其用字成为其他称号的基础。由于皇帝有诸多称号，为方便起见，对历史上某一位皇帝往往形成一个约定俗成的简称。夏、商两代君主多称名，如禹、汤、纣等。周、秦帝王多称谥号、尊号，如周穆王、秦始皇等。汉、隋皇帝多称谥号，如汉宣帝、隋文帝等。唐、宋至元代，因谥号字数太多，人们习惯于称帝王的庙号，如唐太宗、宋神宗、元世祖等。明清两代，因皇帝一般只用一个年号，因此习惯于用年号来称谓，如永乐帝、咸丰帝等。

名字与避讳

避讳是中国历史上特有的一种制度，规定臣民子孙对当代帝王（包括后妃）和尊亲不得直称其名，在言谈和书写时必须设法用避开或改字、空字等方法加以避讳。避，就是逃避，回避；讳，是隐讳。避讳观念源于原始禁忌，最初的原因是名字保密，与巫术崇拜及恐惧有直接关系。商代已出现类似避讳的避名萌芽，西周时已产生了避讳。中国这种特有的历史文化现象，起于周，成于秦汉，盛于唐宋，弛于元，又复严于明清，先后长达2000余年。

避讳，大致上可分为国讳和家讳。国讳，是指皇帝、皇后以及皇族的名讳是举国共避的，又称“圣讳”、“皇讳”、“公讳”。家讳，是指家族内部长辈的名讳。避讳的方法有改字、空字、缺笔、改音等。在所有避讳中，以帝王名字的避讳最常见，也最为重要。一旦犯讳，臣民将身罹大祸。如秦始皇父亲名子楚，因此秦国称楚国为“荆蛮”，《史记》等书中多处称“楚”为“荆”。秦始皇名嬴政，与“政”有关的同音字均改音读“征”，农历每年一月也改称正月（“正”读音为“征”），后来改“正月”为“端月”，以避其讳。战国思想家庄周，因避汉明帝刘庄之讳，被改姓严，《庄子》一书变成《严子》。历朝国讳，以宋代最严，而清代康熙以后尤为严苛。康熙，名玄烨，《康熙字典》所收“玄”、“烨”二字，以缺末笔刻字，并各注明是“御名”，但笔画仍以原字计算。

家讳中也有很多讲究。如汉代史学家司马迁的父亲名司马谈，司马迁在撰写《史记》时避“谈”字，凡遇有名“谈”者均改称，如“张孟谈”改为“张孟同”，“赵谈”改为“赵同”。宋代古文学家苏洵的父亲名苏序，苏洵作文时改“序”为“引”，其子大文豪苏轼写“序”为“叙”，均为避父、苏序的名讳。唐代诗人李贺才华横溢，为人言直气盛，不为权贵所喜，有意排挤他的人遂以其父名晋肃，应避家讳为由，反对他考取进士，原因是“进”、“晋”同音。在封建社会伦理纲常的压力下，李贺未能应试，27岁抑郁而终。避讳中最为人熟知的是“只许州官放火，不许百姓点灯”的故事。州官田登骄横跋扈，自讳其名，在辖区内强行推行私讳，不许他人写或说与他名字同音的字。手下吏卒因一时不慎而犯忌遭到责打的有多人，于是整个州内都把“灯”称为“火”。一年元宵节放花灯，允许百姓到州府观灯，发布告示说：“本州依例放火三日。”此事化为民间谚语“只许州官放火，不许百姓点灯”，流传至今。

古代中国人最重要的是“天、地、君、亲、师”，名为五伦，均可进入避讳范围。《春秋公羊传》所说的“为尊者讳，为亲者讳，为贤者讳”也大抵包括了这些内容，有浓重的宗法伦理色彩，在名字的避讳中体现出中国人的伦理道德观念。

文学作品中的姓名

《红楼梦》是举世闻名的长篇小说巨著，书中的许多人名很有讲究。先从作者曹雪芹的姓名说起。曹雪芹，名霑。“芹”，据《说文解字》等书解释，是水芹菜，产于南方楚国的云梦地区，味鲜嫩。《诗经》中有“采芹”之说，以芹菜作为进献之礼而表亲近的情意，成为一个典故。后世引申为献芹、芹献、芹意、芹曝，均代表所献微薄之意。曹雪芹，号雪芹，或叫芹圃、芹溪；“雪”为纯洁之义，合称则表示纯洁的献芹之心。霑，意为“沾”，指沾受了皇恩，犹如草木沾了雨露。所以，要为朝廷做点贡献。从曹雪芹的名、字、号上均可以发现其中的寓意。在撰写《红楼梦》的过程中，曹雪芹对人物人名的设计也可谓煞费苦心。如书中贾府的四位小姐分别叫元春、迎春、探春、惜春。大女儿因农历正月初一出生，所以取名元春。以后出生的姐妹均以“春”字命名，实则寓有作者深意：四位小姐的名字合起来，谐音为“原应叹惜”，寓意贾府行将败落，四位小姐命运多舛。书中以谐音命名的人物还有许多，如秦可卿的弟弟秦钟，取的是“隋种”的谐音。贾府的两位老爷：贾政，谐音“假正”，讽刺他是道貌岸然的假正经；贾赦，谐音“假赦”，暗示贾府必将败家。如此之类，将人物命名与小说构思有机结合，预示出人物的性格、命运，两者相映成趣，体现了中国小说的传统。

第五章

姓氏交融与迁徙移民

历史上，平民百姓因兵燹战乱、天灾饥馑等原因出现的大规模迁徙屡有发生，这种移民活动在人们心中留下了刻骨铭心的印记，挥之不去。这样的移民也影响到姓氏的流播与迁移，从而形成了各姓移民的寻根之地，这些著名的遗址成为海内外华夏苗裔寻亲祭祖的圣地。我国历史上有很多次民族大迁移的过程，民族的融合造就姓氏分布的变化，随着迁移，许多少数民族与中原华夏族进行融合，形成了我们今天的局面。

第一节 姓氏的交融与迁徙

先秦少数民族的汇入

先秦时期，中国即中原，“中国”人自称华夏族，称周边的地区为“四夷”，即“东夷”、“北狄”、“南蛮”、“西戎”。春秋战国时，“四夷”民族接受了华夏文明，逐步与华夏族融合。于是华夏姓氏中逐渐加入蛮、夷、戎、狄的许多姓氏，其中最广为人知的当数南方的楚、苗姓氏与西北的戎、狄姓氏。

周初，苗族酋长的后裔熊绎被周成王封于荆地（今湖北省南漳县西荆山一带）。其后代不断扩张，遂立楚国。春秋时楚国先后兼并45个小国，国力日渐强盛。至战国时，其领土北接中原（黄河中游），南邻百越，东抵大海，西有巴蜀，成为战国七雄之一。楚国本土的巫文化逐渐与中原文化相融合，产生了独特的“楚文化”。楚国的贵族有昭、屈、景三氏，庶族则有熊、罗、鄂、督、龚、申等。而巴郡蛮酋则有7姓，是为罗、朴、督、鄂、袭、夕、度。巴南有6姓，为盘、冉、元、巴、李、田，据说此6姓都为盘瓠氏（盘古氏）之后。

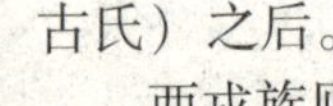

西戎族则以姜姓为最大，传说为炎帝的后裔，与羌族同源；西部的秦国则以嬴姓为首，是华夏族同戎族交融而生的姓族。秦国势力增长很快，秦穆公时就兼并了12个戎国，掠地千里，雄霸西部。

而此时，地处华北的晋国也兼并20余国，融合了北部戎狄之邦。齐、鲁等国雄踞东部，兼并了散居于辽东、山东和苏北等地的白夷、赤夷、风夷、黄夷、林方、人方、盂方等数十个夷族部落、方国，华夏族进一步扩展。

羌族邮票

经过春秋战国时期社会激烈的动荡，西戎、北狄、东夷、南蛮的众多“大姓”都融入了夏华族姓氏之中。

西晋至隋唐的改汉姓

西晋末年，政权更迭频繁，国力空虚，民生凋敝，长期以来受压迫的北方少数民族趁机大规模起兵南下，与汉族政权分庭抗礼，是为“五胡乱中华”。此“五胡”是指匈奴、鲜卑、羯、氐、羌这5个民族。

匈奴亦称“胡人”，即古文献中所说的“鬼方”、“昆夷”、“犬戎”。匈奴与华夏族有近亲关系，如《史记·匈奴列传》就云：“匈奴，其先祖夏后之苗裔也。”汉时，匈奴与汉和亲，刘姓公主下嫁匈奴王室，其中有人从母姓为刘氏。刘氏成为匈奴族重要的贵族姓氏，与原来的贵族姓氏呼延、卜、兰、乔4支并行。

“东胡”鲜卑族世居辽东、辽西及塞外，魏晋之际，其中的宇文氏、慕容氏、拓跋氏逐渐发展壮大。公元386年，拓跋氏建立北魏，到孝文帝时大力推行“汉化政策”。孝文帝下令，各部落的鲜卑语复姓，都要改为音义近似的汉字单姓。皇族拓跋氏带头改元氏，贵族九姓也都相应汉化。此为汉化的主

凉州古城门

要措施之一。据《魏书·皇族官氏志》载，鲜卑族各复姓除少数保留外，基本上都改成了汉姓。

羯族向来依附匈奴，散落居住在上党郡一带，同汉人杂处，后改用汉姓，如建立后赵的石勒即为羯人。氐族自称是盘古后裔，魏晋南北朝时居于武都郡（今甘肃武都）及凉州（今宁夏、甘肃一带）一带，后逐渐入关同汉人杂居，改用汉姓。羌族又称西戎，同华夏族有较近的血缘关系，如西周时戎就有姜姓与姬姓。羌人散居于凉州各地，较早地采用了汉姓，如后秦国的将领姚苌即是。

经过这次民族大融合，至隋唐两代，许多重要的政治、文化及军事人物都具有了鲜卑或其他兄弟民族的血统。唐代民族交融及“胡姓汉化”主要出现在西域诸国（今新疆及中亚地区）及南诏国（今云南一带）等地，如西域的“昭武九姓”、“突厥十姓”及“南诏六姓”都先后改用汉姓。

姓氏的全面汉化

两宋以及辽、金、元、明、清各代，姓氏交融的基本特征表现为“胡姓汉化”。

宋元之际形成了一个新的民族——回族。回族日常使用汉语，用汉字姓氏。回族常见的汉姓大致有3类：一是借用最常见的汉字姓氏，如张、王、李、赵、刘、周、曹等；二是以伊斯兰教谱系为基础所改的汉字单姓，如拜、撒、定、虎、沐、敏、纳、赛、妥、脱、鲜、衣等；三是以阿拉伯语的伊斯兰人名为姓源，用与其发音相近的汉字为姓氏，如白、丁、洪、古、兰、马、穆、麻、宛、满等，其中回族中两个最常见的姓马、穆，据说就是借用“穆罕默德”的汉译音、字而来。

麻编脸谱

魏晋南北朝时的鲜卑族，至隋唐称为契丹。契丹君主称“达里呼氏”，其他贵族大姓有

耶律氏、舒噜氏、萧氏、李氏等10余个姓氏。五代时耶律氏建立了大辽国。其母族萧氏本姓舒噜，因仰慕汉代名相萧何而改姓萧。党项人是鲜卑人的后代，先世本姓于弥，唐末接受赐姓改姓李。可以说，两宋时，原来鲜卑族的姓氏已大部分汉化。

金人在隋代时称靺羯，在渤海一带称王，姓“大氏”，后为契丹所灭。其遗族避居高丽完颜部，改姓完颜，宋代称之为女真族。其贵族大姓有完颜氏、钮祜禄氏等10余个姓氏。女真后演化为满族，公元1636年，皇太极改国号为“清”，1644年入关，定都北京，取代明朝对全国的统治。

蒙古族与回鹘、突厥血缘关系较近。大概从唐中叶开始逐渐与居住于蒙古高原的突厥人相融。后来蒙古部首领铁木真统一了蒙古众部，建蒙古国，其部众称蒙古人。公元1279年，成吉思汗之孙忽必烈统一全国，开始了元朝对全国的统治。元朝蒙古贵族著名姓氏有伊喇氏、扎拉尔氏、奇氏、伊奇哩氏、鄂尔和达氏等10余个。随着与汉族的逐步融合，这些姓氏后来也渐渐改为单字汉姓。

在清代“姓氏”满语称为“哈拉”。满族“哈拉”共达600多个，其中新增姓氏有139个。满族姓氏中最著名的有八大姓氏，即佟（佟佳氏）、索（索绰多）、祈（齐佳氏）、关（瓜尔佳氏）、马（马佳氏）、富（富察氏）、安（纳喇氏）、郎（钮祜禄氏）等八大姓。康熙、雍正年间，这些姓氏逐步改用汉姓。所用姓氏，或借用家族谱中的字辈排行字（如薄、毓、恒、启），或使用原名中的“首字小姓”，类似古代的“以名为氏”、“以字为氏”的做法。

此外，朝鲜族、苗族、台湾的高山族及其他少数民族也在不同的历史时期先后改用汉姓，如现在朝鲜族用的407个姓氏，早在15世纪时就已汉化。

第二节 古代移民与姓氏

亡国与俘虏的移民

秦朝末年，起义纷起，六国旧族也乘势而起，以复国为口号，拥兵割据。汉高祖刘邦以一介平民，扫灭群雄，一统天下。由于有六国旧族死灰复燃之例在先，刘邦接受娄敬的建议，迁齐、楚旧族田氏、景氏、昭氏、屈氏、怀氏5个大姓及韩、魏、赵、燕之豪族于关中地区。景帝、武帝、昭帝、宣帝，也多次徙六国之民戍守开边，共有725000余人被迁移。移民之地多为“戎狄蛮夷”杂处的定襄、云中、五原、朔方、代郡、北地、上郡、陇西及云阳、会稽诸郡。如此一来就进一步分散、削弱了六国旧族的反叛势力，加强了中央的权力，巩固了封建统治。其另一个结果就是，改变了六国大姓“以国为氏”、“以邑为氏”、“以乡为氏”、“以亭为氏”的局面。这也是后世一些“以地为氏”的家族，其姓发祥地常与姓氏郡望不一致的原因之一。

避乱迁居式的移民

两晋时期，中原汉人第一次大规模南迁。西晋末年，中原地区战乱纷仍，周边部族内徙建立割据政权。晋怀帝永嘉四年（310年）匈奴攻陷洛阳，掳走怀帝，司马睿率中原汉族臣民南渡，在建康（南京）称帝。史称晋元帝，此即为“永嘉之乱”，至此东晋开始。其实，由于中原的纷乱，早在永嘉二年(308年）就有大批中原人蜂拥入闽，这就是有名的“衣冠南渡，八姓入闽”。此八姓有林、陈、黄、郑、詹、邱、何、胡，皆为迁徙的主要大族。这是北方汉人同闽人的第一次大融合。在这次“入闽”迁徙中，相当一部分人在福州地区定居，使得当地的人口增长1倍以上。

官职变化与定居移民

历史上，各代王朝割据政权，为维护统治、加强边防，常调用大批军士、民众，留戍边防或垦殖。例如秦代留戍长城和岭南地区，移民巴蜀；汉代派兵留戍西域，监控匈奴；唐时入闽垦漳，宣抚南诏；明代驻守云南，留戍辽东：当时都有大批将士军卒长期驻守边地，有举家随军者，也有在当地娶妻生子者，世代相传，留居异域。如唐高宗总章二年（669 年），高宗派将领陈政及其子陈元光率军入闽，开发漳州，随之入闽定居者多达 58 姓。各姓繁衍开来，开宗立派，落地生根。陈元光被人尊称为开漳圣王，陈姓后成为闽、台一带最大的姓氏。另有明代将领沐英，奉旨南征，带兵入滇，世袭王爵，沐氏成为云南豪族。冲、腾、齐、李等氏也随沐英入滇，世居其地，成为大族。

更为特别的是，各代帝王为修建皇陵、驻守陵寝，常调集大批士卒民夫，作为陵户，驻守其地，久而久之，家族繁衍，渐成乡邑。如汉高祖曾迁徙六国后裔与一批富豪之家于长陵，汉武帝徙郡国豪富及资产 200 万以上望族于茂陵，汉昭帝徙民于云陵。此外，唐代修乾陵、明代修孝陵、清修东陵时，都曾招募迁徙大量的士卒、民众，戍守陵寝。这些被招募或迁置的军士、百姓，往往世代留居。可以说，这是中国姓氏迁徙史的一大特色。

几世同堂，是中国封建社会家族的重要特征，也是被标榜为美德的传统伦理。所以，几代合居的大家族，历代都不乏其例。由于族大人多，它们往往成为在地方上颇有影响的强宗大姓，也常常被当局猜忌，被强令迁徙。这其中最有代表性的当数江州义门陈氏。

据家谱资料所载，江州陈氏为陈武帝陈霸先之后。陈朝被隋文帝灭后，其后裔隐居于江西德安县太平乡常乐里永清村。陈氏以孝悌治家，聚族而居，历经隋、唐、五代，至宋仁宗时，在 230 多年间 19 代同炊共居。其人口达 3700 余口，田庄有 300 多处。但是这样一个庞大的家族势力，又必然会引起当局的猜忌。宋嘉祐七年，即公元 1062 年，仁宗遣江南西路转运使谢景初至永清村，“监护”义门陈氏分析迁徙：依字辈排行，将各房支系分为大小 291 庄，分别迁至各府州县。元末明初，大汉王陈友谅兵败之后，义门陈氏又被当局第二次强令分析迁徙，致使后裔遍布各地。

知识链接

笔 名

笔名，是指发表文章时所使用的别名，由于是本人所选择与命名的，因此可以表现出个人意愿与个性色彩。笔名与古代文人别号有渊源，但又不尽相同，别号多体现中国传统文化的情趣，而笔名多体现文化精神。明清时期市民文学署名别号开了后来笔名的先声。明代万历年间出现的白话长篇小说《金瓶梅》的作者署名“兰陵笑笑生”，作者是谁，古今众说纷纭，至今仍难定论。晚清，社会变革的浪潮风起云涌，笔名也勃兴畅行，如著有《二十年目睹之怪现状》等多部小说的吴沃尧，又名吴趼人，广东南海县佛山镇人，笔名为“我佛山人”，彰显其旷达的心志。以《老残游记》风行一时的小说家刘鹗，小说最初连载于半月刊杂志《绣像小说》，署名“洪都百炼生”。寄寓了其批判现实、谴责社会的心声。小说《孽海花》的作者曾朴，目睹政局腐败，舍弃仕途，另寻救国救民之路，多年未果，痛心之余，以“东亚病夫”的笔名抒发心中的愤懑与哀伤。近现代作家中，笔名也很盛行。鲁迅先生一生使用的笔名多达140余个，其中以“鲁迅”最为有名。鲁迅，原名周树人，取“十年树木，百年树人”之意。以“鲁迅”为笔名，后人研究其意，争论不一。一种说法是，其母姓鲁，古代周、鲁是同为姬姓之国，取愚鲁而迅速之意。也有人认为，“鲁”取母姓；“迅”字另有深意，《尔雅》中释为母狼有一个大力气的儿子，鲁迅即以此表示自己反封建的思想和与旧时代决裂的革命抱负。女作家冰心的笔名也耐人寻味，她原名谢婉莹，后来在发表处女作《两个家庭》时以“冰心”署名，原因是“冰心”两个字笔画简单易写，而且含有“莹”字之意。剧作家老舍的笔名也别具巧思，他本名舒庆春，笔名系由本名衍生而出。他把“舒”字拆开，得到“舍”、“予”二字作为表字，“舍予”意即舍我，因此取“舍去自我”之义；又依人称老张、老王、老李的民间俗例，在“舍”字前加上一个“老”字，合成“老舍”作为笔名。这看似平淡无奇，但表现出平民风格，与其作品风趣幽默、通俗中见深刻的艺术特色相一致。

山西洪洞大迁民

在山西省南部、临汾盆地北端，有个洪洞县。同蒲铁路和汾河纵贯其境。这里西汉时为杨县，隋代改名洪洲县，1954 年曾与赵城县合并为洪赵县，1958 年复改洪洞县。

明朝初年，政府曾有计划地组织山西居民从洪洞向中原迁徙。因此，几百年来，河南、河北、山东、安徽等省的许多人，都说自己的祖先是从洪洞县大槐树老鸹窝迁来的，有的还将此事记入族谱中，刻在墓碑或祠堂碑上。民国初年阎水仁《题洪洞大槐树》诗以通俗易懂的语言，简明扼要地说："问我始祖来何处，晋南洪洞大槐树。槐树荫泽极广罩，北平山左及河南。"那么，明初为何迁民，迁往何处，大槐树老鸹窝与迁民又有何关系呢?

1. 明初迁民原因

由蒙古族建立的元朝，从开国到亡国，曾多次对邻国发动侵略战争；在国内，因阶级压迫、民族压迫沉重，人民起义斗争始终不绝，尤其是元朝末年，政治腐败，水旱灾害频仍，黄河一年之间决口 3 次。战乱与自然灾害，夺去了许多人的宝贵生命，幸存者也都流离各地，而受害最严重的是号称"腹心重地"的河南。1368 年，明太祖朱元璋推翻元朝的统治，在南京称帝时曾说："今丧乱之后，中原草莽，人民稀少。"过了 18 年，他又说："中原诸州，元季战争，受祸最惨，积骸成丘，居民鲜少。"同年，明督府左断事高巍在上表中更具体地说："臣观河南、山东、北平数千里沃壤之土，自兵燹以来，尽化为蓁莽之墟。土著之民，流离军伍，不存什一。"由此可见，明朝初年的中原地区，真可谓赤地千里，人烟稀少，一派残破景象。

与河南邻近的山西则不然，该地虽然也遭受到战乱之苦，但破坏程度远不及河南、山东那样严重，因而环境比较安定，人口不断增长。据明朝官方统计，洪武十四年(1381 年）该布政司有户 596240 个、14030454 口。每平方公里为 27.52 人，而同年河南每平方公里只有 12.85 人。山西人口日益增加，耕地有限，于是"生计难"的问题逐渐突出。朱元璋就曾经说：

明初迁民

“山西民众而地狭，故多贫。”

一方是地广人稀，迫切需要补充劳动力；另一方是“地狭人稠生计难”，迫切需要得到耕地，以补衣食之不足。这样，调剂两地余缺就成为摆在统治者面前的突出问题。朱元璋登基后，吸取元朝灭亡的教训，较能体恤民力，注意发展经济，曾普查户口，丈量土地，均平赋役，兴修水利，推行屯田，并减轻对工匠的奴役。正是在这种情形下，以朱元璋为首的统治集团决定从山西迁出一部分人到河南、山东等地，以便恢复、发展中原地区的生产。

2. 移民的聚集与流向

据有关史志记载，由明朝政府组织的迁民，始于洪武三年（1370 年）。到明成祖永乐十四年（1416 年），曾先后 7 次办理移民手续，共历时 47 年之久。移民对象是“有丁无田”、“丁多田少”之户；移民地区是山西的太原府、平阳府、泽州、潞州、辽州、沁州、汾州。太原府辖 6 州 22 县，平阳府辖 6 州 29 县（其中有洪洞县），泽州辖 4 县，潞州辖 6 县，辽州辖 2 县，沁州辖 2 县，汾州辖 3 县。

官方管理移民的办事机构设在洪洞县广济寺，由后军都督佥师负责将各州移民向这里集中。广济寺左边有一棵大槐树，树下为山西各地移民来此办理手续的暂时歇脚处。移民到这里后，由官方按册点齐人数，确定迁徙地，发给迁移证和川资路费，然后编队分别迁送。因此，广济寺和大槐树被称为移民的“点行处”和“启行处”。大槐树为汉代所植，“树身数围，荫遮数亩”，年长日久，上面的枝枝杈杈上布满了大大小小的老鸹窝；每逢冬季树叶凋落之时，鸹窝外露，星罗棋布，老鸹成群结队，盘旋飞翔，呱呱鸣叫，景象甚为壮观。移民们临行时，都要到大槐树下话旧告别。启程时，依依难舍，一步三回头，渐渐地，广济寺看不见了，只剩下那高大的汉槐，再看，只能看到那大槐树梢上的老鸹窝……于是，大槐树老鸹窝便成为山西移民惜别故乡的标志。又经传来传去，有的人误以为“老鸹窝”是个村庄名，所以有“从洪洞县大槐树老鸹窝迁来”之说。其实，洪洞县人只是山西移民中的一小部分。而且，山西移民中的许多姓氏，本来起源于中原，是明代以前移居山西，又于明初返回中原的。

这些移民的迁入地为今河南、河北、北京、山东、安徽、江苏等省市，分为 3 种类型：一是屯田，仅安徽凤阳一带；二是垦荒，主要是河北涿鹿、保安、怀来等地；三是徙居，大多属此类。其中，迁入河南境内的山西移民，数量较多，分布地相当广泛。按照明朝洪武、水乐年间的行政区划，河南布政司辖开封、汝宁、南阳、河南、怀庆、卫辉、彰德 7 府 12 州 88 县。除彰德府所辖的磁州、武安现今属河北省外，其余州县均在今河南境内。今河南的

南乐、清丰、内黄、滑县、浚县、濮阳、长垣，明时属直隶大名府；今河南的台前、范县，明时属山东布政司，这些县都有山西移民。总之，山西移民几乎遍布今河南各市、县，有的在当地占有较大的比例。

3. 洪洞大槐树古今

作为山西移民见证的大槐树，在洪洞县城西北2公里许的广济寺遗址左边，西二三百米处是汾河，东面为同蒲铁路。据《洪洞县志》记载，广济寺建于唐贞观二年（628年），规模宏大，殿宇巍峨，僧人众多，香客络绎不绝。唐宋以来，这里建有驿站，房舍宽广，常驻驿官；阳关古道从大槐树下通过，各方办理公差的车马、人员往来其间。明初移民时，官方在这里"设局驻员"，点名编队，颁发"凭照川资"，把移民迁往中原。但不幸的是，汾水泛滥，冲毁了广济寺和大槐树，后虽在大槐树东边蘖生出第二代古槐，然而，这里昔日的繁荣景象却一去不返。

清朝末年，洪洞贾村人景大启在曹州做官，交游甚广。当人们知其为洪洞人时，都殷勤招待，说自己是"从大槐树老鸹窝迁来"的，有的还拿出族谱，证明与景大启是老乡。还有洪洞人刘了林在长山县做官，也有类似经历。于是，两人商议后，决定筹款修建大槐树古迹。经过一番努力，在山东募得纹银390余两，寄回洪洞，托人筹建。接着，洪洞人贺柏寿从河南杞县告老还乡，也积极投入募款及筹建工作。

恰在此时，发生了一起"大槐树庇护洪洞人民"的事件，情况是这样的：辛亥革命时，卢永祥部奉袁世凯之命进攻山西革命军，顺古道南下，进军平阳，所到之处，肆意抢掠，为害甚烈，但到洪洞时，不仅秋毫无犯，而且还在大槐树处顶礼膜拜，施舍在别处抢得的财物。原来，卢军士卒大多为冀鲁豫籍人，互相传言大槐树是"老家"，自然不敢骚扰。洪洞人民托大槐树的福，避免了一场浩劫，便认为大槐树有"荫庇群生"之功，于是，人们修建大槐古迹的积极性空前高涨。1914年，大槐树古迹修建工程竣工，共建成碑亭、茶室、牌坊3组建筑物。碑亭雕梁画栋，飞檐斗拱，精巧玲珑，里面竖立青石巨碑，上镌"古大槐树处"5个隶书大字，碑阴刻有迁民事略，碑亭后面的石经碑，为广济寺的唯一遗物。茶室在碑亭西，3间4柱，楣匾为"饮水思源"，4柱上两对楹联为：茶可解烦碧乳澄清通世味，亭堪楼迹绿槐夹道识乡情；香挹行

洪洞大槐树

禁留快饮，荫清古道倚斜阳。牌坊在碑亭南20余步处，4脚3门，古色古香，横额为“誉延嘉树”，阴面为“荫庇群生”，横匾两边配有4首诗。

新中国建立后，人民政府重视古迹保护。1974年已经干枯的二代古槐被巨风吹倒，政府拨专款整修。第二代古槐北边又同根蘖生出第三代槐树，且枝繁叶茂。如今，这里已辟为古大槐树公园，一年四季不停地迎接着一批又一批前来游览、拜谒的游人。

福建客家石壁村移民

福建省三明市宁化县石壁村是东南地区客家先民的聚居之地，被奉为客家祖地。客家人是汉民族独特的民系之一。它并非自古就有，而是历史移民的产物。在中国古代历史上，客家先民原本世居中原，为古代汉族的一支，由于战乱、天灾、饥荒、械斗和朝廷奖惩等原因，造成多次大规模的迁徙。他们转辗南迁，历尽艰辛，最终选择在东南地处丘陵、山脉，人烟稀少、交通阻塞的粤、赣、闽地区定居下来，虽历经千百年，其精神气质仍保持中原汉族人的特征而无变异，具有独特的稳定性。相对于当地土著而言，流落到南方的他们是“客”，因而被周边的土著民众称为“客人”、“客户”、“客家”，也就是指外来的人。由于带来了先进的农耕、建筑技术与农作物的种子，经过不断开垦，世代辛勤开发，扎根于赣南、闽西、粤东三角地带，与当地土著居民相融合，他们创造出了不同于汉族，又别于当地民族的独特方言、习俗与文化，形成了汉民族一支独特、优秀的客家民系。

西晋末年，中原地区战乱不断，汉人纷纷南迁，闽、粤、赣交汇的三角地带成为他们迁徙的理想之地。宁化县石壁村地处武夷山东麓，与江西省石城县毗邻，是他们进入福建后的第一个聚居地。这里地处武夷山环抱之下，盆地平坦，沃野千顷，森林茂密，有“玉屏”之美称。这里地广人稀，气候温暖适中，宜于农事稼穑。饱受颠沛流离之苦的南迁移民，在锋镝余生后终于找到了一块理想的栖息之地。他们视石壁村为世外桃源，石壁村成为了客家人大迁徙的中转站，后来成为世界客家人的总家庙，这里设有祀奉客家牌位最多的玉屏堂，被誉为“客家摇篮”。据史料记载，从唐末至两宋，为避战祸迁居至此的有来自8个省50多个州县的多达百余姓氏人家，如罗、廖、吴、何、洪等姓。宋朝末年，唐宗室后裔李保珠由宁化石壁迁往上杭县，今天香港实业界巨商李嘉诚就是其后人。崇先报本、寻根谒祖是客家人的传统美德。客家人素来爱国爱乡，慎终追远。1995年，石壁村建成了占地万余平方米的客家公祠，来自海内外的各地客属宗亲络绎不绝来到这里，寻找自己的家谱，了却寻根祭祖的夙愿。因此，石壁村被视为客家人的报本崇源之地，

被无数客家人认定为祖先发源地，成为他们魂牵梦萦的家园。由崇尚华夏正统文化、崇文重教、耕读传家、守望相助、精诚团结等构成的独特的客家文化以其鲜明的特色为世人所重视，至今仍是重要的研究课题。

苏州阊门及其他几处移民

苏州阊门是苏北民众心目中的移民圣地。据史籍、方志和族谱记载，苏州阊门移民集中于元末明初，当时群雄并起，割据称王，张士诚据苏州与朱元璋争衡天下。及张士诚兵败被俘，朱元璋"驱逐苏民实淮阳二州"。苏州阊门遂成了移民的出发、集散之地。于是扬州、洪都、泰州、淮安、泗阳、高邮、宝应、盐城、阜宁、东海以至于连云港等地，都有了苏州阊门移民的后裔。如宝应县之刘氏、乔氏、王氏，兴化市之顾氏、张氏、朱氏、周氏、姚氏、杨氏，泰州县之葛氏、徐氏等，就是此次移民后裔。大名鼎鼎的《水浒传》作者施耐庵、"扬州八怪"之一的郑板桥等文人名士，其祖籍均来自苏州。

江西瓦屑坝也是明初移民集散地之一，是当今安徽安庆一带众多姓氏所公认的始迁祖籍。元朝末年，群雄并起，烽火连天，地处南北要冲的安庆府就成为群雄逐鹿的必争之地。徐寿辉、陈友谅、朱元璋你来我往，征伐攻杀，

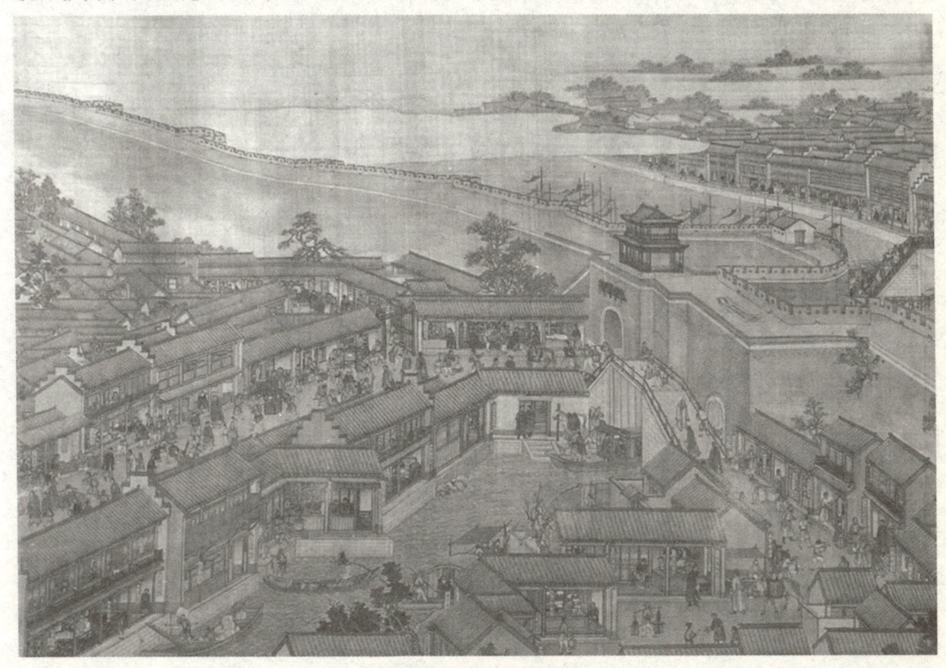

苏州阊门：移民圣地

致使安庆一带战乱不已，屡次易帜，人口锐减、土地荒芜。相形之下，江西饶州之鄱阳、万年、乐平、景德镇则较少受战乱波及，人口稠密。明政府为鼓励人们向人口稀少的地区移民，制定了一系列奖励政策。饶州贫民纷纷北迁安庆所属各县，形成一股移民浪潮。

此次移民，虽然史书无明文记载，但在方志族谱中却有大量资料足以证明。安庆市图书馆藏36种族谱中，迁自瓦屑坝和鄱阳县的姓氏就达18个，迁自饶州和江西的达26个，占安庆姓氏的72%以上。因此，安庆民众多把江西瓦屑坝视作自己的始迁祖地。由于历史的变迁，江西瓦屑坝确切地址已难以查考。据移民史专家葛剑雄等调查考证，今江西鄱阳县之瓦燮岭即为当年瓦屑坝故地。

"湖广填四川"是流传于四川民间认祖寻根的俗语，意即四川民众来源于湖广。"湖广"一词为明代"湖广布政使司（即行省）"的简称，大致相当于今湖南、湖北两省行政区域。但元末明初迁入四川的移民多来自湖广北部，也就是现在的湖北。

元末之际，湖广一带是反元义军徐寿辉、彭莹玉等红巾军活动的主要区域。元至正十七年（1357年）徐寿辉部将随州人明玉珍率部西征，相继攻占重庆、成都。至正二十年徐寿辉为陈友谅所杀，明玉珍遂据蜀称王，国号为夏。明玉珍所部多为湖北人士，徐寿辉被杀后，其旧部多入川投明氏政权。明氏政权在四川轻徭薄赋，保境安民，又吸引了大批湖北民众入川。

及至朱元璋攻灭陈友谅之后，纵兵烧杀，四川更成为湖北百姓避难的乐土。明洪武四年（1371年），明将汤和、傅友德率兵入蜀，攻灭明氏政权，并多次移民入川，大批湖北人相继入川，遍布四川各地。

明清之际，四川再次遭受战乱，人口锐减。于是又有大批移民陆续入川。其中大部分来自湖广，形成了"湖广填四川"的基本格局。由于湖北麻城孝感为移民入川的集散之地，故四川民众多把麻城孝感视作寻根问祖的朝宗圣地。

湖北麻城孝感究竟在何处，相当于今天的哪一个县市、乡镇？是历史学界、地理学界和谱牒学界多年来争论不休的一大疑点。因为早在元朝，孝感县、麻城县就同时存在，前者属德安府，后者属黄州府，从来没有统属关系。而今日麻城市又无孝感乡（镇）的建制。直到1991年，参与中国移民史研究的李懋军先生在深入四川、湖北等地进行实地考察，查阅地方文献时才发现，当年的移民集散地"麻城孝感乡"在今麻城市的邻县红安县（原黄安县）城关镇一带。原来明初麻城县辖有四乡：太平、仙居、亭川、孝感。明成化八年（1471年）因户口减少，孝感乡被划入新设的黄安县，其地相当于今红安县城关镇一带。至此，这段历史疑案，经李懋军先生的实地考证，才有了结论，也为众多寻根问祖的川籍人士提供了可靠的线索。

山东枣林庄是中国移民史专家葛剑雄、曹树基先生近年来实地考察新发现

的明初移民集散地之一。在今山东兖州县城北7里之遥的安邱王府庄。据明代石碑记载，该村原名枣林庄，明鲁王裔孙安邱王分封于此，始称安邱王府庄。

该村位于兖州东部丘陵山区，地处兖州府城郊，是济南各州县南下的交通要道。元末明初，未受战乱波及，人口较为稠密，具备了集中移民的基本要素。虽然在官方文献中未曾发现有关移民的记述，但在安徽濉溪县志中却发现了在明洪武年间和清初由山东迁民本县的记载，并标明占本县人口80%以上的“周、吴、郑、王、李、丁、梁七姓”均为山东移民。

广东南雄珠玑巷是宋元时期北方移民迁徙岭南的集散之地，是珠江三角洲众多姓氏念念不忘的发祥祖地。在众多的族谱资料和民间传说中，都大同小异地反映了南雄珠玑巷移民的历史事实。

据说，珠玑巷原为北宋京城开封府的一条巷名。当宋室南渡时，南迁臣民落足南雄之后，为表达对故都的怀念，将自己的聚居之地取名珠玑巷。这是效法东晋以来，偏安江南的历代王朝侨置郡县的传统做法。

当然，珠玑巷作为幅员有限的弹丸之地，不可能会有大量人口以供迁移，但其地处南下岭南的交通要塞，自然而然会成为岭南移民最为眷恋、印象最为深刻的集散之地。据曾昭璇、鲁宪珊两位先生对家谱、方志等有关资料的统计和实地考察，列出珠玑巷移民家族多达797支。因而珠玑巷也就成为无数岭南人精神上的故乡，成为维系他们桑梓之情、宗族之谊的根之所在。山的阻隔和战乱频繁中断了与中原的联系，在封闭的世界里，岭南人以自己所拥有的传统文化、语言、习俗，与当地土著的民风习俗混合在一起，渐渐产生出一种新的、独特的既有中原古文化的遗风，又有区别和创新的文化，即“客家文化”。同时也形成了客家民系，并随着子孙后裔的播迁繁衍，撒向各地。

知识链接

河北小兴州的由来

河北小兴州是明初洪武、永乐年间官方组织移民的又一集散地。洪武初年，大将徐达攻克元大都北京，元顺帝北遁，元朝灭亡。元朝残余势力虽然退居漠北，但仍有相当的军事实力，对明王朝北边构成很大的威胁。为此，从洪武初年到洪武末年，在长城以外，东起辽东，西至山西北部，

内蒙古西部，东西2000余里，南北数百里的广大地区，屯兵卫戍。同时，为恢复和发展北平地区因战乱遭受破坏的社会经济，多次从燕山以北广大地区（俗称山后）向北平附近移民。

及至永乐皇帝登基，为进一步巩固、发展北平地区社会经济，确保京城安全，先后抽调长城以北27个卫所的将士约15万人，在北京附近屯边戍守。同时，多次组织大规模的强制性移民，安置于良乡、顺义、平谷、大兴、宛平、通州、蓟县、宝坻、香河、遵化、卢龙、武清、丰润、清苑、容城、新城、安国、徐水、任丘、涞水、霸州、定兴等地区，移民总数达10万之多，涉及到张、王、李、刘、梁、孙、崔、邓、杜、魏、邢、徐等10多个姓氏。

据《元史·地理志》所载："兴州……金初为兴化军，隶北京，后为兴州，元中统三年隶上都路，领县二：兴安、宜兴。"明初为防御漠北元朝势力南侵，在兴州建立了左、右、中、前、后5个卫所，屯兵戍守。使元代的兴安小县发展成为人口密集的军事重镇，但当地民众习惯上仍以"小兴州"称之。

由于小兴州是长城古北口外的第一重镇，位于辽东、内蒙古南下北京的交通要冲，因而也就成为历次移民的集散中心。由于年久日深，历次移民后裔，难以确知其祖上原籍所在，往往把先祖迁徙的集散之地视作先人故籍祖地。因而在河北、山东、东北一带现存的众多族谱家乘中，追溯其家世渊源时，多称其"先世自小兴州，徙至××地"。久而久之，小兴州成为河北、内蒙古、山东、东北等地众多姓氏寻根问祖的朝宗圣地。

河北小兴州

第六章

百家大姓寻源范例

由于社会、民族习惯、文化传统等多方面原因，不同国家、不同民族的姓氏，在姓氏文化上各有特色。相比之下，中华民族的姓氏文化，确实是源远流长，丰富多彩，特色鲜明，体系完备，值得我们每一位中华民族的子孙骄傲和自豪。

第一节 新百家姓十大姓氏

李

李姓源自何处呢？关于李姓来源，传说很多，也很神奇。

北方关于李姓的传说是这样的：传说商末有位大臣叫理徵，因为看不惯纣王的暴行，就直言上谏，却招来杀身之祸。其妻得友人通风报信，连夜出逃。母子两人逃难途中只能靠摘李子充饥。母子两人逃生之后，为了纪念李子救命之恩，母亲毅然替儿子改姓李。所以古代李姓人家崇拜的图腾就是一棵李树。

但南方李姓人家却觉得北方李姓人家的这个传说不大可靠。一路逃命一路摘李子吃？怎么就只有李树而没有桃树、苹果树、桔子树呢？就算沿途只有李子树吧，凭这样改姓李也没啥意义。于是他们认为，老祖宗理徵被关在虎头狱是痛心疾首的事，一定要记住。而老虎的虎在古代南方巴人方言里与李同音，这才是李姓得来的真正原因，就是为了记住祖宗蒙冤被关在虎头狱里！

历史悠久的李氏大宗祠

那么理徵的老祖宗又是谁呢？有专家说他的远祖就是轩辕黄帝。这说法也太玄了点，中国有哪个姓的人不是炎黄子孙呢？

还有人说，李姓的始祖不是别人，正是以一篇《道德经》而名满天下的老子李耳。李耳是楚国苦县人，即现在河南鹿邑人。但李姓郡望却在甘肃陇山以西，与河南相距十万八千里。那么李耳是否是李姓始祖，令人存疑。

还是唐朝大诗人李白更干脆，他崇拜汉代的飞将军李广，认为自己的远祖就是李广，并自豪地写下诗句以表白：“我本陇西人，先为边关将。”

唐天子李世民 18 岁随父南征北战打下李唐江山，又开创太平盛世的贞观之治，确实是个贤明君主。尊奉他是李姓远祖也有道理，李姓现在有 1 亿多人口，与他也大有关系。原来李世民登基后，为了拉拢人心，表示皇恩浩荡，赐了不少功臣老将姓李，计有徐、杜、胡、郭等 16 个姓氏的人都赐姓李，大家一块做皇亲国戚齐显赫。奇怪的是李世民不知根据什么却认老子李耳为始祖。

在福建上杭，有座辉煌的李氏大宗祠，是唐朝开国皇帝李渊 27 世孙李火德的祠堂。听说新加坡的李光耀、台湾的李登辉、香港的李嘉诚都是其后裔。

据这李氏大宗祠的负责人介绍，李氏始祖叫利贞公，李耳是第 13 代孙。而伯阳公李崇是陕西房的先祖。李姓的朋友如对寻根问祖有兴趣，不妨到这李氏大祠堂查查族谱。

江山代有才人出，李姓的历史名人真是朝朝不断，而且都赫赫有名。单是唐朝，就有 23 个宰相姓李。

李姓名人还有李清照、李自成、李宗仁……多如繁星，实在不能一一尽数。

有意思的是胡适也强调自己是李姓一族。据他自己查证，说唐哀帝遭朱温杀害，何皇后把太子交给胡三带出宫廷，太子便随胡三在安徽绩溪一带长大，以胡为姓传子孙。胡适正是安徽绩溪人，所以他认为自己正是李唐后裔。

王

王姓之源可分为子姓之王、姬姓之王和妫姓之王。子姓之王产生最早，始祖为比干，祖根在河南卫辉。商纣王的叔父比干直谏被杀，葬于汲郡（今河南卫辉市），其留守汲郡看守墓地的子孙以王为氏；姬姓之王，有周文王第 15 子毕公高之后、东周灵王太子姬晋之后、东周考王弟姬揭之后等三支，其中第二、第三支源出河南洛阳；妫姓之王为陈国公子完之后。陈国公子完避

王家大院

难奔齐，改姓田氏。田齐灭于秦后，王室子孙一部分改姓王氏。

王姓早期主要在中原发展。从西晋末年开始，不断有王姓大族南迁，王姓随之散播南方各地。河南居住了王姓总人口的11.5%，为王姓第一大省，占全省总人口的10%。全国形成了以长江为界的高比率的北方王姓区和低比率的南方王姓区；而北方区又以太行山为分水岭，东部为高密度的王姓地区，西部为低密度的王姓地区。

王姓在中国历史上建立了新、汉、郑等政权，称王称帝者14人。王姓名人，古代有思想家王充、王夫之，书法家王羲之、王献之，哲学家王守仁，文学家王勃，诗人王维；近现代有著名学者王国维，太空科学家王赣骏等。

王姓著名堂号有三槐堂。北宋初年，尚书兵部侍郎王祐写文章、做官都很出众。他相信“吾之后世，必有为三公者”，于是在院内种下三棵槐树，作为标志。所谓三公，是古代朝廷中三种最高官衔的合称，周代时以太师、太傅、太保为三公。后来，王祐的儿子王旦果然做了宰相，当时人称“三槐王氏”。文学家苏轼，同王旦之孙王巩是朋友，曾应王巩的请求写了一篇《三槐堂铭》。此文被编入《古文观止》一书，广为流传。王旦的后人以“三槐”为堂名，作为对祖先的怀念。

著名王氏宗祠、故居有：山西省有太原市的晋祠，灵石县的王家大院；浙江省有嵊州市的王羲之墓、王氏宗祠，温州市的王氏永昌古堡，绍兴市的王守仁墓，余姚市的王守仁故居，海宁市的王国维故居；湖南省有衡阳市的王夫之草堂、王夫之墓；贵州省有锦屏县的隆里古镇、王昌龄墓；江苏省有南京的王安石故居；四川省有成都的王建墓；福建省有福州的王审知墓。

知识链接

王家大院

王家大院位于山西省灵石县城东12公里处的静升镇，距世界文化遗产平遥古城35公里。王家大院是清代民居建筑的集大成者，由历史上灵石县四大家族之一的太原王氏后裔——静升王家于清康熙、雍正、乾隆、嘉庆年间所建，总面积达25万平方米以上。现有以“中国民居艺术馆”、“中华王氏博物馆”名义开放的高家崖、红门堡两大建筑群和王氏宗祠等，共有大小院落123座，房屋1118间，建筑面积4.5万平方米。

张

张姓出于姬姓，祖根在河南濮阳，始祖是挥。黄帝第五子青阳之子挥，任弓正之职，制弓矢，被赐姓张。其活动地点在当时都城，即今河南濮阳县。还有一支张姓，是晋国解张之后。解张，字张侯，以字命氏。这支张氏世仕晋，后又仕韩，再仕郑，一直在河南境内发展。张姓是中国最早产生的姓氏之一。战国时，晋国的张姓随着三家分晋又遍及赵、韩、魏三国，即今华北、中原广大地区。晋代有中原张氏迁福建。唐高宗总章年间，陈政、陈元光父子奉命入闽，有中原张姓军校随从；后王潮、王审知入闽，又有河南固始人张睦随同前往。福建张氏，大致以居住地分为鉴湖、金坡、板桥等派，此后有的又迁往广东，均称其始祖来自河南光州固始。从清初开始，闽、粤张氏陆续有人移居台湾，进而又有不少人到海外谋生。张姓以北方人居多，主要是汉族，但在多次民族大融合中也有不少人融入少数民族。移居海外的张氏，现主要分布在新加坡、印度尼西亚、泰国、菲律宾、美国、英国、法国、澳大利亚、巴拿马等国家。张姓在迁徙过程中形成的郡望在各姓氏中最多，有清河、南阳、吴郡、汲郡、河内等43望。

张姓名人多如繁星，古代史上仅宰相就有张禹、张九龄、张居正等60

余人，其他还有纵横家张仪，发明家张衡，医学家张仲景，道教创始人张道陵，名将张骞、张飞、张浚，谋士张良，文学家张华，哲学家张载，道士张三丰，洋务派首领张之洞；现当代有革命家张太雷、张云逸、张闻天，民盟创始人张澜，名将张治中，烈士张思德。张姓堂号有百忍堂：唐朝的时候，张公艺九世同居，这对当时的世风影响很大。唐高宗亲自到他家请他介绍和睦相处不分家的经验。张公艺拿起笔来写了100个“忍”字呈给高宗。高宗很佩服，奖励了张公艺100尺绸缎。此后，张公艺的后人遂以“百忍”为堂号。

著名的张姓祠堂、故居有：河南省有濮阳县的张挥公园，南阳市的张衡墓、医圣祠；山西省有太原晋祠内的张氏祖祠台骀庙，运城市的张骞墓、张骞祠；陕西省有留坝县的张良庙；四川省有阆中市的张飞庙；浙江省有湖州市的南浔古镇；福建省有南靖县的德远堂；湖南省有岳阳县的张谷英村；湖北省有沙市西北张家台的张居正墓；上海市有浦东新区的张闻天故居。

知识链接

张挥公园

张挥公园坐落于河南濮阳县东关老虎台地，金堤以北，南环路以南。张挥公园以张挥墓和碑为中心向东、向西伸展200米，规划占地面积40公顷，于1998年3月开工建设。挥公墓为圆形，直径20米，基座高2.6米。挥公碑在挥公墓地小广场外，碑身高3米，宽0.76米，厚0.5米。碑向南20米安装四步青条石台阶，宽5.4米。碑周围修筑矩形环路，宽12米，挥公碑阳刻“中华张姓始祖挥公墓”。挥公像在挥公碑向南90米处，像基座高5.15米，为钢筋混凝土结构。挥公像坐落在花岗岩基座上，像高3.3米，整体高度8.45米，采用实心红花岗岩雕塑而成。张挥手持弯弓，身挎利箭，目视远方，威武雄壮。

刘

刘姓的起源大致有5个。最早的一支出自祁姓，是尧的后裔。尧是传说中远古部落陶唐氏的领袖，名放勋，贤达善良，后成为部落联盟首领，被尊为五帝之一。因陶唐氏是黄帝之子12姓中的祁姓部落，所以尧为祁姓。那么，刘姓究竟是怎样形成的呢？唐人林宝《元和姓纂》说："帝尧陶唐之后受封于刘，裔孙刘累，事夏后孔甲，在夏为御龙氏，在商为豕韦氏，在周为唐杜氏。杜伯子隰叔奔晋为士氏，孙士会适秦，后归晋，其处者为刘氏。"《新唐书·宰相世系》说："刘氏出自祁姓。帝尧陶氏了孙生子有文在手'刘累'，因以为名。能扰龙，事夏为御龙氏，在商为豕韦氏，在周封为杜伯。亦称唐杜氏。至宣王，灭其国。其子隰叔奔晋为士师，生士蒍。蒍生成柏缺，缺生士会。会适秦，归晋，有子留于秦，自为刘氏。"这两种说法大同小异，共同提到一个名叫刘累的人，又都认为刘氏出自杜姓，是士会的后裔。其实，这里包括同出一源的两支刘氏：一支直接出自刘累，形成于夏朝；一支出自刘累后裔士会，形成于春秋初期。据《史记·夏本纪》载，刘累是帝尧的后裔，生于夏朝后期，曾经跟着精通养龙技术的豢龙氏学过驯化龙的本领，因此被夏朝第十三帝孔甲赐姓为御龙氏，负责驯养孔甲的4条龙。《史记·正义》引《括地志》云："刘累故城在洛州缑氏县南五十五里，乃刘累之故地也。"据此可知，刘累在为孔甲养龙时住在今河南偃师县南。后来，由于饲养不善，死了一条雌龙，刘累怕孔甲治罪，就偷偷地带着家眷南逃至鲁县（今河南鲁山县）躲了起来，刘累的子孙以刘累的名字为姓氏，就是中国最早的刘姓。《史记集解》引贾逵语曰："刘累之后至商不绝，以代豕韦之后。祝融之后封于豕韦，殷武丁灭之，以刘累之后代之。"西周初期，刘累后裔有一支被周成王改封于杜（今陕西西安东南），其国君被称为杜伯。周宣王时，杜国国君杜伯被宣王所杀，杜伯之子隰叔逃到晋国，任士师（法官，掌禁令、狱讼、刑罚），后以官命族，为士氏。隰叔的曾孙士会。即随武子、范武子，春秋时为晋国大夫，字季，食邑在随（今山西介休东南），后更受范地（今山东梁山西北），故亦称随会、范会、士季、随季。晋襄公死后，他与先蔑出使秦国，迎立公子雍。士会、先蔑走后，晋襄公的夫人缪嬴抱着太子夷皋日夜在宗庙哭，又到执政大臣赵盾那里去闹，弄得赵盾等人没办法，只好立夷皋为君，就是晋灵公。这时，秦军已护送公子雍来到晋国边境，赵盾就领兵去阻挡，由于秦军准备不足，败退到令狐（今山西临猗西）。先蔑、士会逃到秦国。公元前 614 年、士会又回到晋国任职，但有儿子留在秦国（都城在今陕西凤翔东南）。士会留于秦的后代，恢复先祖姓，自为刘氏。

刘姓还有一支出自姬姓。宋人郑樵《通志·氏族略》云："成王封王季之子于刘邑，因以为氏。"按此说，姬姓之刘形成于西周初期。但《辞海》"刘"条则说："占邑名。一作留。在今河南偃师南。春秋初期为郑国之邑。公元前 712 年为周平王所取得。至周匡王（姬班）封其少子于此是为刘康公，传至贞定王时绝封。"据此，姬姓之刘形成于春秋时期，系以邑为氏，出自今河南偃师。

刘姓的另三支有两支形成于两汉初期，一支是北魏时少数民族改姓刘。公元前 202 年，刘邦在洛阳继皇帝位后，接受戍卒娄敬定都关中的建议决定把国都迁到长安，并因此赐娄敬姓刘。刘邦还赐项伯之族也姓刘，此为赐姓之刘。西汉初年，匈奴部族强盛，汉高祖刘邦采取和亲政策，以皇室宗女嫁给匈奴单于冒顿为妻。冒顿姓挛鞮，但按照匈奴贵族皆从母姓的风俗，挛鞮氏子孙皆姓刘。十六国时前赵的建立者刘渊即是匈奴贵族。又北魏孝文帝自大同迁都洛阳后将鲜卑族的独孤氏改为刘氏。

在中国历史上，刘姓称帝称王者多达 66 人，先后建立西汉、东汉、蜀汉、汉、前赵、南朝宋、南汉、后汉、北汉、大齐等王朝或政权，共历时 650 多年，是中国封建王朝最多最久的姓氏。其中，刘邦建立的西汉历 214 年，刘秀建立的东汉历 196 年，两汉共计 410 年，是中国封建社会时间最长的一个朝代；刘备建立的蜀汉历 43 年；匈奴族刘渊建立的汉国，至其侄刘曜继位，改国号为赵，史称前赵，历 26 年；刘裕在南方建立的宋朝历 60 年；刘武周于唐初曾自称皇帝，年号天兴；刘黑闼于唐初称汉东王，年号天造；刘隐在广州建立的南汉历 55 年；沙陀人刘知远建立的后汉历 4 年；刘崇建立的北汉历 29 年；刘豫受金册封，南宋初曾为"齐帝"。刘姓掌握政权时间久，享有一些特权，是人口能够得到大发展的一个重要原因。西汉时，全国共有 5000 多万人，刘姓人口就占 10 多万。新莽末年，湖北枣阳人刘玄曾在河南南阳称帝，年号更始；东汉建都于洛阳，刘秀又是南阳人，所以"河南帝城多近臣，南阳帝乡多近亲"，东汉时河南的刘姓族人特别多。此后，由于刘姓子孙繁盛，支脉众多，分布广泛，又有"遍地刘"之称。

正因为刘姓历史悠久，人丁兴旺，所以对历史做出的贡献相当显著，

涌现出的名人也非常多。西汉时，有淮南王刘安，经学家、目录学家、文学家刘向，刘向之子刘歆，训诂学家刘熙。东汉有书法家刘德升、文学家刘桢、天文学家刘洪。三国时魏有哲学家刘劭。魏晋时有数学家刘徽。西晋有将领、诗人刘琨，还有被称为“竹林七贤”之一的刘伶。东晋有将领刘牢之。南北朝时，刘姓多文人，梁有文学理论批评家刘勰，学者、文学家刘峻，文学家刘孝绰、刘孝威，女文学家刘令娴；南朝宋有文学家刘义庆，北魏有经学家刘献之，北齐有文学家刘昼。隋代有经学家刘炫、刘焯，时称“二刘”；隋末有江南农民起义首领刘元进，延安、上郡农民起义首领刘迦论。唐代有宰相刘晏，史学家刘知几，文学家、哲学家刘禹锡，诗人刘希夷、刘长卿、刘湾、刘方平、刘虚、刘商、刘沧、刘叉，散文家刘蜕，浙东农民起义首领刘往。北宋有史学家刘颁、刘恕，学者刘敞、诗人刘筠。南宋有名将刘锜，学者、文学家刘子恽，词人刘过、刘克庄、刘辰翁，画家刘松年。金国有文学家刘迎，医学家刘完素，金末红袄军首领刘二祖。元代有学者刘因，散曲家刘致，雕塑家刘元。明代有大臣刘基，画家刘珏，哲学家刘宗周，文学家刘侗，散曲家刘效祖。清代有大臣刘统勋、刘纶，诗人刘体仁，学者刘献廷，伊斯兰教学者刘智，散文家刘大槐，书法家刘墉，经学家刘逢禄，文学家刘开、刘熙载，清末将领刘水福，清末还有小说家刘鹗。

据中国科学院遗传研究所的专家考证，刘姓约占古汉族人口的5.4%，即世界上刘姓在6000万以上，是当今中国的第四大姓，在北方人中所占比例较高。

陈

据《史记·陈杞世家》记载，舜在当天子之前，帝尧把两个女儿娥皇、女英嫁给他，让他们居于“妫汭”（妫为弯曲的地方）。舜的后代有的以水命姓，就姓妫。舜死以后，传位给禹，禹封舜的儿子商均于虞（在今河南虞城县北），后来虞国“或失或续”。商朝末年，商均的32代孙遏父（又称阏父），投附周国，担任陶正（官名），因制陶技艺精湛，深得姬昌欢心。姬昌的儿子姬发（周武王）灭商建立周朝后，追封先贤遗民，把遏父的儿子妫满封于陈（今河南淮阳），国号陈，为侯爵，让他奉守帝舜的宗祀，并将大女儿太姬嫁给他为妻。妫满死后，谥号为陈胡公，故又称胡公满。其子孙有的以国为氏，就是陈氏。此即《新唐书·宰相世系》所云：“陈氏出自妫姓，虞帝

舜之后”。今河南淮阳县柳湖旁边有陈胡公墓，因护城河水侵蚀墓址，以铁锢之，故俗称铁墓。

自妫满封陈到公元前479年陈闵公亡于楚，陈国共传20世、26代君王，历时588年。其间，妫满第12代孙陈完（即田敬仲）因避难，于公元前672年逃到齐国，改姓田，其子孙世代任齐国的大夫、卿、相，至10世孙田和，夺取姜姓齐国政权，建立了田氏齐国，又传8君184年，至16世孙田建时，被秦始皇所灭。田建有3个儿子，长子升、次子桓先后改姓王氏；三子田轸出逃，后迁至颍川（今河南禹州、许昌、长葛一带），恢复陈姓。此后，陈氏在中原瓜瓞连绵，生齿甚众，发展成为名门巨族。

陈姓还有一支是少数民族改姓，也出自河南，即《魏书·官氏志》所载：北魏孝文帝自山西大同迁都洛阳后，于496年将代北鲜卑族三字姓侯莫陈氏改为单姓陈氏。

据陈氏族谱及有关史书记载，自陈国发生内乱至亡国，陈氏有几次外迁，如公元前535年楚伐陈，陈君留避难迁至陈留（今属河南开封）；楚灭陈，公子陈衎迁至阳武户牖乡（在今河南兰考县境），公子全温逃到晋（今

迁入越南的陈氏一族

山西）等，其中支系清晰、繁衍昌盛的是以陈轸为始祖的颍川陈氏，陈轸的儿子陈婴，秦时任东阳令史，孙子陈余为成安君，曾孙为陈轨。轨的4世孙陈愿有4子，第三子陈齐又有3子，其长子陈寔，字仲弓，东汉时人，在陈氏族系中是个很关键的人物。他曾入太学就读，后任太丘长，党锢之祸被连，为解脱别人，他自请囚禁，党禁解，居乡不仕，常为人排忧解难。有一年闹灾荒，有盗夜入其室，躲在屋梁上，他发觉后，喊来子孙，正色教训道："人不可不自勉，不善之人，未必本恶，习以性成，遂至于此，梁上君子者是矣！"行窃者大惊，自投于地，叩头请罪。他送绢两匹放盗归，从此全县无盗窃案件。"梁上君子"的典故即出于此。陈寔的6个儿子也很有名望，尤其是长子陈纪、四子陈谌，与陈寔合称三君，被视为封建道德的典范。陈谌的玄孙陈伯轸，于西晋末建兴年间渡江，居曲阿（今江苏丹阳）新丰湖，其孙陈世达任长城令，徙居长城（今属浙江）下若里，传10世而有陈谈先、陈霸先（即陈武帝）、陈休先。陈霸先在南朝梁任征虏将军，受封陈王，于557年代梁称帝，国号陈，建都建康（今江苏南京），陈国历5帝33年，于589年为隋所灭。这期间，陈国封了许多陈姓王，使陈氏子孙遍布长江与粤江之间，其中，宜都王陈叔明的10世孙陈环，在唐朝任临海令，为避难迁至福建泉州仙游县。陈伯宣隐居于江西庐山，其孙陈旺于唐文宗太和六年（832年）徒居江西德安县太平乡常乐里，成为江州义门陈氏开基祖。陈旺以孝治家，世代相传，历时230年，形成一个拥有3700多口人、300多处田庄，前后19代同居共炊的庞大家族，直至嵊仁宗嘉右七年（1062年），曲皇帝派人协助迁徙，才分散于16个省的125个地方。

唐朝初期和中期，中原陈氏有两次南迁福建是影响深远的。唐高宗总章二年（669年），朝廷派河南固始人陈政（胡公满的68世孙）任岭南行军总管，率兵镇压福建南部的"蛮獠啸乱"，因寡不敌众，退守九龙山；朝廷又派陈政的哥哥陈敏、陈敷率领军校58姓组成援兵，去闽途中，陈敏、陈敷卒，其母魏氏代领其众入闽。仪凤二年（677年）四月，陈政卒，由其20岁的儿子陈元光代父领兵，经过9年战争，局势平定后，于垂拱二年（686年）报请朝廷批准，设置了漳州郡。陈元光"率众辟地置屯，招徕流亡，营农积粟，通商惠工"，使漳州一带"方数千里无桴鼓之警"（见《漳州府志》），因之被后人尊为"开漳圣王"，其子孙称为"开漳圣王派"，成为闽、粤、台及南洋诸岛陈姓最主要的一支。台湾现有陈圣王庙53所，这从一个方面表明了台湾同胞对陈元光的崇敬之情。再就是颍川陈寔后裔陈

忠之子陈邕，唐中宗时进士，官至太子太傅，因受宰相李林甫排挤，迁到福建同安，又徙漳州南厢山；其子陈夷行，唐文宗时任宰相。陈邕的裔孙陈洪进，宋初曾任宰相，封南康郡王；其两个儿子文福、文灏分别任泉州刺史、漳州刺史；此后子孙兴旺，在福建发展成为“太傅派”陈氏，尊陈邕为“南院”始祖。

陈氏入粤，始于南宋。北宋末年，金兵南侵，中原士族大批南迁，陈寔后裔陈魁率族人93口移居福建宁化、上杭，至其曾孙二郎、三郎再迁至广东程乡（今梅州市），后散居大埔、兴宁、长乐、龙川等县。陈氏入台，始于明末。福建同安人陈永华，于明末随郑成功入台湾；郑经主台时官至东宁总制使，在台湾建立屯田制度，设立学校，被尊为陈氏入台始祖。自清初至新中国建立的300多年间；陈氏迁台人数很多，其中仅武荣诗山霞宅陈氏一支即有2000余口，因此使其成为台湾人口最多的首姓大族，与林姓共有“陈林半天下”之美誉。

陈氏迁入越南的历史比较久远，至宋代人数更多，有的成为安南（今越南）王朝的重臣。其中，李朝女皇李昭皇之夫陈煚（即陈日煚），于1228年创建越南陈朝，传8世13王，历时175年，大大促进了陈姓人口的发展。至今，陈姓仍被列为越南十大姓之首。陈氏移居日本，始于明初，大都是由明太祖朱元璋派去的水手，此后有的在琉球群岛落户。明清以后，闽粤等沿海地区的陈氏，有许多人出海谋生。例如，福建永春人陈臣留，先于乾隆十八年（1753年）到马来西亚经商，后又率领亲族百余人迁居马来西亚和新加坡。另有一些人分别迁至菲律宾、泰国、印度尼西亚和美、英、法、加拿大、澳大利亚等国家，分布相当广泛，他们对当地的繁荣与进步都做出了积极的贡献。

在历史的长河中，陈氏人才辈出，彪炳于史册者数不胜数。公元前209年，阳城（今河南登封东南）人陈胜，领导900名戍卒，举行了中国历史上第一次大规模的农民起义，曾在陈（今河南淮阳）建立张楚政权。西汉时，阳武（今河南原阳东南）人陈平，在惠帝、吕后、文帝三朝任丞相；还有抗匈奴名将陈汤。新莽末年有绿林起义军将领陈牧。东汉有法律学家陈宠，“忠义老臣”陈蕃，文学家、“建安七子”之一陈琳。西晋有史学家、《三国志》作者陈寿。十六国时，前赵人陈安，组织武装反抗前赵统治，光初五年（322年）称凉王。北魏时，有泾州屠各胡（匈奴的一支）武装起义领袖陈瞻称王，年号圣明。唐代，陈氏有3人任宰相，还有文学家陈子昂，诗人陈陶，高僧陈祎（即玄奘）、大将陈玄礼；浙江农民起义女首领陈硕真曾称文佳皇帝。五代、宋初有著名道士陈抟。北宋有音韵学家

陈彭年，诗人陈师道，医学家陈自明。南宋时，陈姓最著名的人物是思想家、文学家陈亮，他才气超群，力主抗金，屡次被捕，出狱后志气益励，提倡注重事业功利有补国计民生的“事功之学”，其政论气势纵横，笔锋犀利，词作感情激越，风格豪放。南宋还有诗人陈与义，学者陈傅良，画家陈居中，藏书家陈振孙，江西农民起义领袖陈颙，湘、粤间瑶、汉人民联合起义领袖陈峒，赣、闽、粤边界地区农民起义军首领陈三枪。元初有福建汉族、畲族人民起义首领陈吊眼；元末湖北沔阳人陈友谅称帝、建都江州（今江西九江)，国号汉，年号大义。明代，陈氏最著名的人物是明末画家陈洪绶，他擅画人物、士女，评者谓其力量气局在唐寅、仇英之上；也工花鸟、草虫，兼能山水，与崔子忠齐名，有“南陈北崔”之称。此外，明代还有旅行家陈诚，学者陈献章、陈建，画家陈道复，散曲家陈铎，音韵学家陈第，戏曲作家陈与郊，外科学家陈实功，文学家、书画家陈继儒，史学家陈邦瞻；明清之际有思想家陈确，散文家陈贞慧，小说家陈忱。清代，广西临桂人陈宏谋，乾隆时历任陕、湘、苏等省巡抚及湖广总督，任职期间兴修农田水利，提倡植树、养蚕、种山薯，均有成效，是一位很有政绩的地方官；福建同安人陈化成，历任总兵、提督，1842 年 6 月英舰进犯吴淞口时，他坚决反对求和，督部猛烈发炮，击伤英舰多艘，后率孤军奋战，与所属官兵英勇战死，写下了可歌可泣的一页。清代还有诗人陈恭尹、陈文述，文学家陈维崧、陈沉，女文学家陈端生，经学家陈奂、陈立、陈乔枞，学者陈寿祺、陈澧，水利家陈潢，医学家陈修园，篆刻家陈豫钟、陈鸿寿，金石学家陈介祺，太平天国将领陈玉成、陈得才，上海小刀会首领陈阿林。近代有民主革命家陈天华、画家陈衡恪等，最著名的人物是爱国华侨领袖陈嘉庚，中国无产阶级革命家、中国共产党中央副主席陈云，中华人民共和国国务院副总理、大元帅陈毅，中国人民解放军大将陈赓。

据中国科学院遗传研究所的专家考证，陈姓约占汉族人口的 4. 5%，即世界上陈姓超过 5000 万人，是当今中国的第五大姓，在南方人中所占比例较高。另外，陈氏不仅是汉族大姓，而且还比较广泛地分布于女真、蒙古、布依、哈尼、满、瑶、苗、土、羌、侗、回等少数民族中。

杨

杨姓出自姬姓，以国为氏。据《元和姓纂》记载：周武王子唐叔虞封于晋，出公逊子齐，生伯侨，天子封为杨侯，子国，以国为姓。另据《唐书宰相世系表》记载：周宣王少子尚父受封于杨，其后以杨为氏。

杨氏望族主要发祥于弘农郡和天水郡。

弘农郡，西汉元鼎四年（公元前113年）置。治所在弘农（今河南省灵宝北）。辖境相当于今河南省黄河以南，宜阳以西的洛、伊、淅川等流域和陕西洛水、社川河上游、丹江流域。

天水郡，西汉元鼎三年（公元前114年）置。治所在平襄（今甘肃省通渭西北）。辖境相当今甘肃通渭、静宁、秦安、定西、清水、庄浪、甘谷、丁家川等县及天水市西北部、陇西东部、榆中东北部等地。

杨氏堂号为关西堂、四知堂、三鳣堂、道南堂、摘星堂、耆德堂等。

其中关西堂、四知堂、三鳣堂典出名人东汉太尉杨震。

知识链接

杨震与三堂来历

杨震（公元？—124年），弘农华阴（今属陕西）人，字伯起。通晓诸经，教书20年，弟子千余人，当时称为“关西夫子”。杨氏“关西堂”源出于此。任荆州刺史时，路过昌邑（今山东省金乡县西北），县令王密（杨震过去推举过的秀才）深夜来见，并以10斤金相赠，杨震拒而不收。王密曰：“暮夜无知者。”杨震答：“天知，神知，我知，子（你）知，何谓无知？”王密含羞而退。后来，杨震转任涿郡太守，有友人劝其购田置产留给子孙。震曰：“使后世称清白吏子孙，以此遗之，不亦厚乎？”汉安帝时官至太尉，位列三公。其一生廉明清正，亮节高风，声名卓著。杨氏后代咸以“四知”为堂号。另据《后汉书·杨震传》记载：“……有冠雀衔鳣鱼，飞集（杨震）讲堂前，都讲取鱼进曰：‘蛇鳣者，卿大夫服之象也。数三者，法三台也。先生自此升矣！’”杨震之仕宦果如都讲所言。“三鳣”也成了杨氏之堂名。讲堂因此被称为鳣堂。

道南堂：典出宋代名贤杨时“程门立雪”，从而传道东南的故事。

杨时（1053—1135年），南剑州将乐（今属福建）人。晚年隐居龟山，人称“龟山先生”。曾任右谏议大夫兼国子祭酒，工部右侍郎，龙图阁直学士等官。致仕后专门著书讲学。青年时师事程颐、程颢，与游酢、吕大临、谢良佐并称“程门四大弟子”。有一次与酢往见颐，时值大雪，颐偶然瞑目而坐。时、酢立而不去。待颐觉，门外已雪深一尺，这就是“程门立雪”的典故。杨时学成要回闽，程颢赞叹曰：“吾道南矣！”杨时得二程真传，果然成为一代大师，东南学者奉为程氏正宗。朱熹即为其三传门人。著有《二程粹言》、《龟山集》。杨氏后人亦以“道南”为堂号。

摘星堂：典出宋代史馆修撰杨亿。

杨亿（974—1020年），字大年，浦城（今属福建）人。北宋文学家，淳化三年（992年）进士，真宗时任翰林学士兼史馆修撰判馆事。主纂《册府元龟》、《太宗实录》。亿博闻强记，熟习历代典章制度。与刘筠、钱惟演等唱和之作，辑为《西昆酬唱集》，时称“西昆体”。作品词藻华丽，尤以骈文为最。因任史馆修撰，人誉“图书生东壁之光”，现存作品《武夷新集》。相传，亿少时迟于说话，一天，家人抱其登楼，不慎碰了头，他忽然吟道：“危楼高百尺，手可摘星辰”。家人听了惊喜不已，一时传为奇谈佳话。其后人因以“摘星”为堂号。

耆德堂：典出宋代光禄卿杨申。

杨申，临江军新喻人，其先庐陵人，字宣卿。仁宗天圣二年（1024年）进士，累官光禄卿。以论王安石新法不合，出知济州，多善政，寻乞致仕。尚书左仆射兼门下侍郎吕大防表其所居为耆德坊，杨氏族人因以“耆德”为堂名。

赵

赵姓源自嬴姓，以地为氏。据《元和姓纂》记载：帝颛顼伯益嬴姓之后，益十三代至造父，善御（车），事周（天子）穆王，受封赵城，因以（赵）为氏。

颛顼：古帝名，五帝之一。相传为黄帝之孙，昌意之子。……二十年而登帝位，在位七十八年而崩。号高阳氏。

伯益：也称益，一作翳。舜时“东夷”部落的首领。相传助禹治水有功，禹要让位给益，益避居箕山之北。（参阅《书—舜典》）

赵氏望族主要发祥于天水和南阳郡。

天水郡，西汉元鼎三年（公元前114年）置。治所在平襄（今甘肃省通渭西北）。辖境相当今甘肃通渭、静宁、秦安、定西、清水、庄浪、甘谷、丁家川等县及天水市西北部、陇西东部、榆中东北部等地。

南阳郡，战国时秦昭王三十五年（公元前272年）置。治所在宛县（今河南省南阳市）。辖境相当今河南熊耳山以南叶县、内乡间和湖北省大洪山以北应山、郧县间地。

赵氏著名堂号有：半部堂，爱日堂，琴鹤堂，龙斗堂。

半部堂源自北宋宰相赵普“半部论语治天下”的故事。

赵普（921—991年），字则平。祖籍幽州蓟（今天津市蓟县）人。后徙常山，又徙河南洛阳。赵匡胤夺取后周政权前，赵普一直在其幕府。后赵匡胤称帝，以佐命功累官枢密使、同中书门下平章事（宰相）。参与运筹收石守信等诸将兵权，削平诸国。太宗继位，复为相。后封魏国公。相传赵普只读过《论语》。在与太宗谈及此事时曾坦言：“昔以其半辅先帝定天下，今欲以其半辅陛下致太平。”故世有“半部论语治天下”之说。普之后人遂以“半部”为堂号。

爱日堂源于春秋时晋国名将赵衰的故事。

赵衰（公元前？—前622年），即赵成子，字子余。晋公子重耳臣，跟随重耳逃亡19年。重耳归国执政称晋文公，衰与狐偃功劳最大。又佐文公定霸业。晋襄公时为新上军之将及中军之佐。其子赵盾（即赵宣子）公元前621年代赵衰任中军元帅，执掌国政。晋灵公被害后，拥立晋成公继位。晋士大夫在评赵衰与赵盾孰贤时，谓衰如冬天之日，盾如夏天之日。即衰待人和蔼可亲，如冬天的红日一样温暖可亲。盾待人过于严厉，如夏天的烈日一般可畏。赵衰的后人即以“爱日”作为堂号。

琴鹤堂典出北宋清官赵抃“琴鹤”赴任的故事。

赵抃（1008—1084年），衢州西安人，字阅道。少孤，景佑元年（1034年）进士。官殿中侍御史，弹劾不避权贵。京师号“铁面御史”。历知杭州、青州。知成都时以一琴一鹤相随，匹马入蜀赴任。神宗朝擢参知政事，与王安石议政不合，再知成都。卒谥“清献”。赵氏族人用“琴鹤”为堂名，以弘扬先贤的廉洁精神。

龙斗堂典出宋代右丞相赵雄。

赵雄（1129—1193年），资州人，字温叔。孝宗隆兴兀年（1163年）省试第一。丞相虞允文荐于朝，除秘书省正字。极论恢复，合帝意，除中书舍

人。使金，不辱命，金人谓之“龙斗”。赵氏“龙斗堂”源出于此。

黄

黄姓源于陆终之后，以国为氏。据《元和姓纂》记载：“陆终之后受封于黄，为楚所灭，以国（黄）为氏”。又《诸暨孝义黄氏族谱》的序文上更详细记述：“黄为嬴姓十四氏之一，出于陆终氏，后受封于黄，今光州定城西十二里，犹有黄国故城，黄既为楚所并，子孙散之四方，以国（黄）为氏”。

陆终汉应邵《风俗通·皇霸·六国》记载：“楚之先出自帝颛顼，其裔孙曰陆终。”

黄氏望族主要发祥于江夏一带。

江夏郡，西汉高祖六年（公元前201年）置。治所在安陆（今湖北省云梦），辖境相当于今湖北安陆、钟祥、潜江、沔阳、嘉鱼、蒲圻、崇阳以东及河南光山、新县以西、信阳以东、淮河以南地区。

黄姓著名堂号有：孝友堂，江夏堂，四士堂，四美堂。

孝友堂、江夏堂皆源自汉代孝子黄香的故事。

黄香，东汉江夏安陆（今属湖北）人，字文强。9岁失母，思慕惟切，事父至孝，暑扇床枕，寒以身暖席。太守刘护表而异之。少博学通经典、能文章。京师号曰：“天下无双，江夏黄童。”安帝时任魏郡太守，时遭水灾，以俸禄及所得赏赐赈济贫民，政声播于朝野。官至尚书令。其后人因以“孝友”和“江夏”为堂号。著有《九宫赋》、《天子冠颂》等文传世。

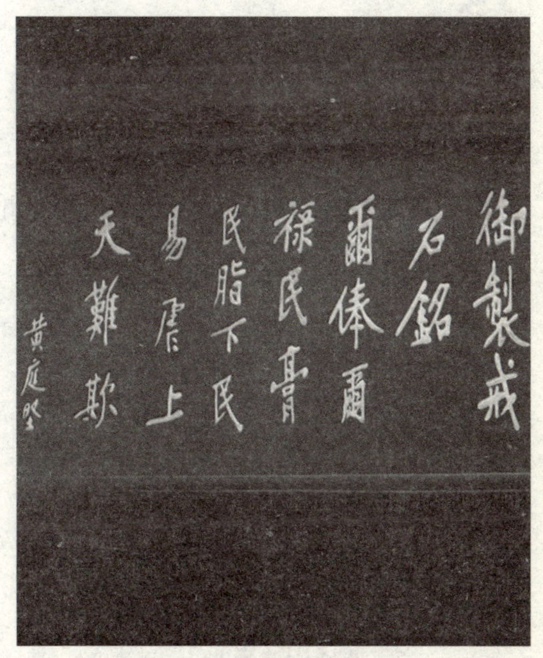

保定直隶总督府黄庭坚手书牌匾

四士堂典指北宋诗人、书

法家黄庭坚。

黄庭坚（1045—1105 年），字鲁直，号山谷道人。洪州分宁（今江西修水县）人。尝谪居涪州，又号涪翁。治平四年（1067 年）进士，调叶县尉。以校书郎为《神宗实录》检讨官，迁著作佐郎。升起居舍人。绍圣（1094—1098 年）初，知鄂州。宦海浮沉，以文字罪贬宜州，卒于其地。诗学杜甫，能自辟门径，为江西诗派之祖。黄庭坚是“苏门四学士”（黄庭坚、张耒、晁补之、秦观之）之一，因学识渊博，时人将其与苏轼并提，称为“苏黄”。他也是宋代“书法四大家”（苏轼、黄庭坚、米芾、蔡襄）之一。因此，其后人将“四士”作为堂名，以示纪念。

四美堂典出清代名士黄吕。

黄吕，安徽歙县人，字次黄，号六风山人。工诗文，兼精绘画，凡山水人物花鸟虫鱼，纵笔所如，皆臻妙境。书法晋人。并工篆刻，晚年益朴茂。每画成，题诗帧首，以自镌印钤之，其作品时誉具四美。其后人因以“四美”为堂名。

周

周姓源自姬姓，以国为氏。据《元和姓纂》记载：帝喾生后稷，至太王（古公亶父），邑于周，文王（太王之孙姬昌），以国（周）为氏。

帝喾是古代部落首领。相传为黄帝之曾孙，尧的父亲。居亳（今河南偃师县），号高辛氏。商代卜辞中以帝喾为高祖。

周氏望族主要出于汝南郡和庐江郡。

汝南郡，汉高帝四年（公元前 203 年）置。治所在上蔡（今河南省上蔡西南）。辖境相当于现在河南颍河、淮河之间，京广铁路西侧一线以东，安徽茨河、西淝河以西、淮河以北地区。

庐江郡，楚汉之际将秦置九江郡分出部分地区设置庐江郡。治所在舒（今安徽省庐江西南）；辖境相当今安徽巢县、舒城、霍山以南，长江以北，湖北英山、广济、黄梅和河南商城等县地。

周姓著名堂号有：细柳堂，濂溪堂，理学堂，爱莲堂，敬斋堂。

细柳堂典出汉代条侯周亚夫。

周亚夫（公元前？—前 143 年），沛人。周勃之子，封条侯。为将军，屯兵细柳（今陕西咸阳西南），治军严谨，常备不懈，文帝称他为真将军。景帝时，任太尉，平定吴、楚七国之乱。迁丞相。因谏废栗太子，触犯景帝，谢

病免归。后因其子私买御物下狱，被诬谋反，绝食而死。其族人为缅怀先贤之丰功伟绩，遂用“细柳”为堂号。

濂溪堂、理学堂源于宋代理学大家周敦颐。

濂溪书院

周敦颐（1017—1073年），字茂叔。道州营道（今湖南省道县）人。历任分宁主簿、桂阳令、知南康军等职。在任著政绩、播政声。继承《易传》、部分道家及道教理论。著《太极图说》及《通书》等，后人编为《周子全书》。对宋、明理学影响巨大，被誉为宋、明理学开山之祖。门下弟子程颐、程颢成为理学一代宗师，朱子（朱熹）是他的五传弟子。茂叔择居庐山，筑室于莲花峰下小溪旁，以出生地濂溪取名“濂溪书堂”。世称濂溪先生。卒谥“元公”。周氏后人以“濂溪”和“理学”为堂名。寓崇敬于怀念之中。

爱莲堂出自周敦颐的散文名篇“爱莲说”。

“爱莲说”是体物言志的佳作，传颂千古的名篇。作者以炽热的感情和精炼的文字讴歌莲花“出淤泥而不染”，“濯清涟而不妖”的高贵品格。此亦作者自喻。周氏族人亦以“爱莲”为堂号。

敬斋堂典出宋代名士周天骏。

周天骏，永丰人，字子美。跟从参知政事真德秀出游，德秀称其质性浑厚，如在璞之玉。学以持敬为主，德秀书“敬斋”二字赠之，其后人因以“敬斋”为堂号。

吴

吴姓源自姬姓，以国为氏。据《通志·氏族略》记载："泰伯（周太王古公亶父之长子，即文王之伯父）封于吴，子孙以国（吴）为姓"。周代泰伯即为吴姓汉族人之始祖。

吴氏望族发祥于延陵县。

古延陵地名有二：一为春秋吴邑，季札所居，故址即今江苏常州市。二为西晋太康二年（281年）分曲阿县之延陵乡置延陵县，治所在今江苏省丹阳西南。

吴姓著名堂号有：三让堂，让德堂，至德堂，晚树堂，锦衣堂。

三让堂、让德堂、至德堂典出吴氏先贤泰伯和季札。

三让乃三次谦让之谓。《论语·泰伯》云："泰伯其可谓至德也已矣，三以天下让，民无得而称焉。"《史记·吴太伯世家》记载：周代始祖周太王古公亶父有三子，长太伯（亦作泰伯），次仲雍，三季历。季历之子姬昌（即周文王），聪慧贤明，有"伟人气质，王者风度"。太王欲立季历为后以传位姬昌，从而兴振基业。但夏朝氏族规定王位传长不传次，这使古公（即太王）忧郁成病。泰伯发现老父病源，为遂父志，托辞衡山采药为父治病，与仲雍私议携眷奔荆蛮（今陕西陇县吴山），聚族西吴，拓荒垦殖，发展农、牧业。由于泰伯"恭谦礼让，仁德并施"，受到当地"土著"部落吴（虞）人的拥戴，被推为酋长。不久，古公病薨。泰伯、仲雍赴周原（岐阳）奔丧。古公临终前依夏朝氏族规定立遗嘱传位泰伯。泰伯、仲雍奔丧至家，吊唁完毕，季历遵父嘱欲还位泰伯，泰伯坚持不受。不及送殡就与仲雍相商急还荆蛮。季历发觉，派人跟踪至荆蛮，屡劝不受。

泰伯、仲雍为避季历紧追，乃举部东迁，行程3000里，一路翻山越水，披荆斩棘，渡过长江，到达太湖之滨"蕃蓠"（今江苏梅里）蛮夷之地（称东吴）。断发纹身，与"土著夷人"打成一片，继承周的开拓精神，带领蛮夷人把蕃蓠建成一个六畜兴旺、丰衣足食的"勾吴"国。泰伯也被拥为部族首领。吴氏后人为纪念这位有三次谦让美德的先祖，遂用"三让"或"让德"为堂号。此为"前三让"。

"勾吴"传至19世，寿梦执政时，政治、经济、文化的发展已具规模。寿梦正式称王。吴王寿梦有四子，长子诸樊、次余察、三夷昧、四季札。

札最贤能。吴王欲传位季札，季札不肯。吴王临终前交代诸子："我死后，王位只能兄传弟，不能传给儿子。"寿梦薨后，老大诸樊要将王位让季札，季札不受。诸樊为了将王位早日传给季札，希望自己早死，就亲自带兵进攻楚国，虽打了胜仗，却死于战场。余察为吴王后，效仿哥哥，带兵去打越国，也死于疆场。王位传与老三夷昧。公元前527年夷昧身染沉疴，临终前交代由季札接继王位。但季札利用出使机会躲了起来。夷昧死后，国不可一日无君，只好立夷昧之子僚为王，称吴王僚。季札获悉后，才回朝称臣。

季札之高贵人品为时人所称颂，为后世所景仰。季札辞世后，先圣孔子亲笔为季札题写"呜呼有吴延陵君子之墓"碑字，世称"十字碑"。孔夫子还在《四书》中赞曰："贤哉季子，三以天下让，其可为至德也。"季札之"三让"就是"后三让"。

吴氏族人也有以"至德"为堂号者。

晚树堂典出清代监察御史吴震方。

吴震方，浙江石门人，字青坛。康熙十八年（1679年）进士，官至监察御史。康熙曾赐以白居易诗，因摘诗中"晚树"二字以名其楼，并以名集。其后人遂以"晚树"为堂号。有《读书正音》、《晚树楼诗稿》、《岭南杂记》、《朱子论定文钞》。

锦衣堂典出明代锦衣百户吴伟。

吴伟（1459—1508年），湖广江夏人，字次翁，号小仙，又号士英、鲁天。工画，成化二十二年（1486年）被征至京，授锦衣卫镇抚。好饮酒，一日醉中奉命作松泉图，墨翻汗纸，即信手涂成，帝叹为仙笔。弘治（1488—1505年）间授锦衣百户，赐"画状元"印章。吴氏族人因以"锦衣"为堂号。

第二节 其他常见姓氏溯源

徐

徐姓为嬴姓伯益的后裔，属以国为氏之姓。古代东夷族有一个分支叫徐夷，或称徐方，在今淮河中下游一带活动，据说是伯益的后裔。伯益因佐禹治水有功，被舜赐姓嬴氏。伯益有个儿子叫若木，夏代时被封于徐（今江苏泗洪县及安徽泗县一带），至西周穆王时出了一位著名的君王徐若偃，史称徐偃王。徐若偃以仁义著称，曾在挖河时得到一副红色弓箭，遂起代周天子而王天下的野心，率36国诸侯起兵反周。时周穆王正在西王母那里做客，闻听消息后由造父驾车从昆仑丘驰返镐京，遣使令楚国前往讨伐。战争使民众生灵涂炭，徐偃王心有不忍，罢兵弃国，躲进彭城（今江苏徐州市）附近的深山老林中。周穆王知道当地人怀念徐偃王，遂以偃的儿子宗为徐子（即子爵），继续管理徐国。传至宗的11世孙章禹时，吴国于公元前512年出兵伐徐，引水灌徐国都城，灭掉了徐国。亡国后的徐国子孙，以原国名为姓氏，即徐氏。

秦汉时期，徐姓主要分布在我国北方的黄河下游地区，尤以山东徐姓繁衍得最为旺盛。唐代以后，徐姓向南播迁渐多，明清时广布江南各地。当今，江苏、广东、浙江、四川、山东、江西、安徽、河南、湖北等省徐姓人数最多，上述9省的徐姓约占全国汉族徐姓人口的70%以上。

徐姓名人辈出，秦代有著名方士徐福，五代南唐有画家徐熙、文学家徐铉，元末有长江中下游红巾军首领徐寿辉、名将徐达，明代有农学家徐光启、地理学家徐霞客，清末有科学家徐寿，近代有民主革命烈士徐锡麟、北洋军阀首领徐世昌，现代有中国无产阶级革命家徐特立、元帅徐向前、国画家徐

悲鸿、诗人徐志摩、大将徐海东。

徐姓堂号为通界堂：出自秦人徐福。徐福，即徐市，字君房，秦时著名方士。他博学多才，通晓医学、天文、航海等知识，且同情百姓，乐于助人，故在沿海一带民众中名望颇高。2000 多年前，方士徐福打着为秦始皇求仙药的旗号，带着 3000 童男童女漂洋过海，从此杳无音信。据说这些人定居日本，成为日本人的祖先。徐福族人为怀念徐福，取堂号为“通界”。通界就是打通天人之间的界限。

山东省有龙口市徐福镇的徐公（徐福）祠、徐母坟，江苏省有泗洪县城头乡西南的古徐国遗址、赣榆县金山乡徐福村的徐福祠、南京市钟山风景区内的徐达墓、南京傅厚岗的徐悲鸿故居、江阴市的徐霞客故居、宜兴市屺亭桥塘河西侧的徐悲鸿故居，浙江省有绍兴市的徐渭青藤书屋，广西壮族自治区有桂林市阳朔县前街的徐悲鸿故居。

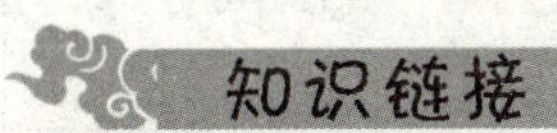

徐霞客故居

徐霞客（1587—1641 年），名弘祖，字振之，号霞客。出生在江阴市马镇南旸岐村一个没落的士绅家庭。从 22 岁起，他就开始旅行和进行地理考察。前后 30 余年，足迹踏遍大半个中国。沿途详细记述旅行路线、地理地貌、地质水文、植物矿产、名胜古迹、风土人情等，经后人编辑成 60 多万字的《徐霞客游记》，这部巨著具有极高的科学价值和文学价值，被人们誉为“千古奇书”。

徐霞客故居，由故居、胜水桥、晴山堂石刻、徐霞客墓和仰圣园等组成。故居为明式建筑，门庭挂有陆定一题写的“徐霞客故居”匾额，展厅内展出徐霞客传略、旅行路线图和他科学探索经过地区的图片资料、熔岩标本等，在天井右侧还有徐霞客亲手移栽的罗汉松，距今已有 400 多年历史。晴山堂石刻集中了明代洪武三年至崇祯五年前后 262 年之间，84 位名

人为徐霞客撰写的墓志铭、传、序、记等共90篇，计76块石刻，为明代书法艺术的缩影。徐霞客墓位于晴山堂后院，墓前有徐霞客塑像，塑像两侧树立着原国家主席李先念的题词和原交通部副部长潘琪撰写的碑文，整个墓陵肃穆幽静。仰圣园是家乡人民为了表达对徐霞客的敬仰和纪念，于2001年徐霞客逝世360周年之际，建成的以徐霞客游记碑廊为主体的江南园林。该园位于故居和晴山堂之间，占地约1.3公顷，内涵丰富，品位高雅。

徐霞客故居

徐霞客故居及晴山堂石刻为全国重点文物保护单位，亦被列为江苏省爱国主义教育基地和江苏省德育教育基地。

孙

孙姓的来源主要有三支，分别出自姬姓、芈姓和妫姓。

西周初年，武王姬发封其同母弟康叔于卫（今河南淇县）。卫康叔的8世孙卫武公有个儿子叫惠孙，惠孙的孙子名乙，字武仲，他以祖父的字命氏，即孙氏。此为姬姓之孙。

春秋初期，楚国王族、名相孙叔敖（芈氏，名敖，字孙叔），刚正清廉，死后其子生活困难。楚庄王听说后把寝丘（今河南沈丘县西南）的一块地赐给孙叔敖的儿子。孙叔敖的儿子以父字为姓，奉孙叔敖为孙姓始祖。因楚国的祖先为芈姓，故称此支孙氏为芈姓之孙。

妫姓之孙出自春秋时齐景公的大夫陈无宇。他是从陈国逃到齐国的陈公子完的四世孙。无宇之子书，字子占，因功被齐景公赐姓孙氏，封于乐安（今山东博兴县）。后因乱，书之孙孙武逃到吴国为将，举世闻名的《孙

子兵法》就是孙武所著。孙武的后代孙膑也是著名的军事家，著有《孙膑兵法》。

上述三支孙氏起初多在豫、鲁一带发展，并较早播迁江、浙等地。两汉时期，晋、冀、辽等地也有了孙姓大族。唐代，中原孙氏两次南迁福建，后来福建泉州的孙姓族人又向台湾迁徙。

孙姓代有英才，不胜枚举。除上述提及者外，三国时的孙权建立吴国，共历4帝，立国59年。唐代有医学家孙思邈、书法家孙过庭。清代有经学家孙星衍、文字学家孙诒让。近现代有中国民主革命的先行者孙中山。

孙姓堂号有映雪堂：东晋时，孙武裔孙孙康，家贫，夜读无烛，于是出庭坐于雪地映雪读书，后来成为大学者，官至御史大夫，实现了自己的抱负，成为世人发愤读书的典范和楷模。孙康后人以“映雪”为堂号，表示对先人的缅怀。

孙姓著名宗祠及名人故居有：陕西省有铜川市耀县的药王山、孙思邈墓，山东省有淄博市广饶县的孙武祠，江苏省有南京市梅花山的孙权墓、南京市东郊朝阳门外的孙中山陵墓，浙江省有富阳市龙门镇王洲的孙权故里，广东省有中山市的孙中山故居，河南省有淮滨县的孙叔敖塑像、济源市城西北王屋山主峰天坛山东南麓的孙思邈墓、祠，新加坡有孙中山南洋纪念馆。

朱

帝舜时有大臣朱虎，但朱虎没有世系可考，所以一般认为朱氏出自曹姓，是由邾氏去邑而形成的。颛顼帝的玄孙陆终有6个儿子，第5子名安，为曹姓。西周初年，武王封安的裔孙曹挟于邾（今山东曲阜市东南南陬村），建立邾国，又称邹国。战国中期，邾国为楚所灭，邾国王族以邾为氏，后又去掉偏旁“邑”成为朱氏；另外，还有一支朱氏，系由少数民族所改。北魏孝文帝迁都洛阳后进行汉化改革，鲜卑族的渴浊浑氏、可朱浑氏被改为朱氏。

西汉时，朱氏世居沛国相县（今安徽濉溪县西北），并有多人在朝为官。东汉末年，其中一支为避难逃到丹阳（今安徽当涂县东北），至南北朝时期发展成为江南望族。北方的朱姓则在河南等地发展。东晋到唐末，南阳等地朱氏大族迁往南方者甚多，并在江南各地扎根。

中国历史上，朱姓人物曾建立后梁、明等政权，称帝称王者25人。朱温建立的后梁历2帝16年。朱元璋建立的明朝历16帝277年，大大地促进了朱姓的发展。其他朱姓名人，战国时有大力士朱亥，东晋有名将朱序，唐代有宰相朱敬则，北宋有词人朱敦儒，南宋有理学大家朱熹，元代有数学家朱世杰，明代有律学家朱载堉，清代有文学家朱彝尊、文字学家朱骏声、义和团首领朱红灯，近现代有中国无产阶级革命家朱德、民主革命家朱执信、散文家朱自清。

朱姓堂号有紫阳堂：南宋哲学家、教育家，历史上被尊称为朱子的朱熹，字元晦，号晦庵，别号紫阳。一生广注经书，集理学之大成，建立了一个完整的客观唯心主义理论体系。他的《四书集注》后来一直被当做科举考试的范本。朱熹曾讲学于白鹿书院（江西庐山五老峰东南），后又建紫阳鹅湖书院，从事教育50余年。后人为纪念朱熹，以他的别号“紫阳”为朱氏堂号。

河南省有开封县；西南中国四大名镇之一的朱仙镇；荥阳市贾裕镇的明代十二王陵；焦作市的朱载堉墓；伊川县白沙乡朱岭东常岭村南的朱温墓；北京市有明十三陵，故宫；山东省有邹城市东南的邹国故城遗址；江苏省有南京市钟山南明孝陵；江西省有上饶市婺源县的朱熹故里；福建省有武夷山市武夷山上的紫云精舍；云南省有建水市的朱家花园。

知识链接

明十三陵

位于北京市昌平区天寿山麓，东、西、北三面环山，是世界上保存较为完整和埋藏皇帝最多的墓葬群。陵区面积约120平方公里。群山之内，各陵均依山面水而建，布局庄重和谐。明成祖朱棣的长陵建于明永乐七年(1409年)，是陵区第一陵，位于天寿山主峰前。此后明朝营建的仁宗献陵、宣宗景陵、英宗裕陵、宪宗茂陵、孝宗泰陵、武宗康陵、世宗永陵、穆宗昭陵、神宗定陵、光宗庆陵、熹宗德陵等11陵分别坐落在长陵两侧山

下。明崇祯帝朱由检的思陵是最后一陵，位于陵区西南隅，系妃坟改用，清顺治元年（1644 年）始定陵名，增建地上建筑。中华人民共和国成立后，人民政府先后对长、献、景、永、昭、定、思 7 陵和神道建筑进行修葺，按计划成功地发掘了定陵地下宫殿。1961 年十三陵被公布为全国重点文物保护单位，现长、定、昭三陵和神道四处景点对外开放。

明十三陵

马

马氏出自嬴姓，形成于战国后期，血缘先祖是虞舜时东夷部落的首领伯益，得姓始祖是赵奢。赵奢是战国时期赵国人，初任田部吏，主收田赋，不畏权势。战国四公子之一的赵国贵族平原君赵胜家不肯出租税，赵奢依法治罪，先后杀了赵胜家 9 个管事人员。赵胜认为他有才干，把他推荐给自己的哥哥赵惠文王，让他主管赵国田赋。后来赵奢升任将军，用兵如神。公元前 270 年，秦军大举进攻赵国重镇阏与（今山西和顺县），他奉命救援，在探知敌情后，火速赶往，居高临下，大败秦军，因功被封为马服君。赵奢的子孙因以此氏，即马服氏，后又省“服”为马氏。今河北邯郸市西北有山名马服，传说因赵奢葬此而得名。

伏波祠

赵奢的 5 世孙马通，在汉代时迁徙扶风茂陵（今陕西兴平市

东北）后，人丁兴旺，使扶风茂陵成为马氏的发展中心。唐朝末年，中原许多马姓人口南迁，其中马殷应募从军，逐步扩展势力，至907年被后梁封为楚王，建立楚国，历时45年。马殷有子数十人，分布于闽粤的许多地方。在回族人中，马姓是人口最多的姓氏，有“十个回民九个马”之说。

马姓在历史上涌现出无数名人，如东汉的伏波将军马援、经学大家马融，三国的机械制造家马钧、名将马超，元代的史学家马端临、剧作家马致远、文学家马守常，明代的航海家马欢，近现代的考古学家马衡、作曲家马可。

马姓堂号有铜柱堂：东汉初年，伏波将军马援南征交阯，胜利后，在交阯立铜柱表功。到了唐朝，马援的后裔马总做安南都护，又在原汉立铜柱的地方立了两根铜柱，铸上了唐朝的威德，说明自己是伏波将军的后裔。到了五代时马希范也立了铜柱。故而马姓人有了“铜柱堂”的堂号。因为马援曾任伏波将军，所以也有用“伏波堂”的。

陕西省有汉中市勉县定军山对面的马超墓、祠，扶风县城关镇伏波村旁的马援墓；广东省有雷州市西南的伏波祠、东莞市桥沥马屋村的马氏宗祠；云南省有昆明市东川区乌龙乡店旁村的马家祠堂；浙江省有东阳市三联乡下甘棠村的马氏宗祠；河北省有邯郸市的马氏宗祠。

知识链接

伏波祠

又名伏波庙，位于雷州市西南。始创于东汉，是岭南古老祠庙之一，属雷州市文物保护单位。祠内敬奉西汉都离侯路博德及东汉新息侯马援两位伏波将军。西汉武帝时，南越王相吕嘉叛乱，汉武帝命路博德为伏波将军讨平叛乱。东汉光武帝时，刘秀命马援南伐交耻。伏波祠因山构筑，坐北向南，分三进。祠高高耸立，居高临下，雄伟壮观。祠门匾额上有“伏波祠”三字，隶书，浑厚有力，是著名书法家刘炳森重新题写。祠内保留

有明清诗碑、重修碑及其他古碑刻 20 多通。祠西北角有“马跑泉”（俗称马蹄井），传说马援将军驻兵于此，军马以蹄掘地得泉，故名。此井有两口，象征马蹄。井旁有石栏杆，上刻“马跑泉”三字。

胡

黄帝时期的胡曹是最早的胡姓人物，但胡曹之后已无世系可考，所以一般认为胡姓的主源是帝舜的后裔。西周初年大分封时，帝舜后裔妫满被武王姬发封于陈（今河南淮阳县），建立侯爵陈国，妫满死后谥号为胡公，故又称胡公满。他的子孙有的用他的谥号为姓氏，就是胡氏。

龙川胡氏宗祠

胡姓还有三支，其中两支源于周代的两个胡子国。一个在今河南郾城西南，是西周初年分封的姬姓子爵侯国，故称胡子国，是楚国的附庸。公元前519年楚国与吴国交战，国君髠战死，楚国回师途中顺便吞并了胡子国。另一个胡国在今安徽阜阳，为归姓子爵胡国，故也称胡子国。公元前495年被楚国所灭，国君豹被俘。这两个胡子国亡国后，王族子孙都以原国名为姓氏，形成两支胡氏。北魏孝文帝进行汉化改革，将鲜卑族的纥骨氏改为胡氏，也是胡姓的来源之一。

西晋时期，已有中原胡姓士族南迁福建，子孙繁茂，其中有人在明清时迁往台湾，或移居海外。

历史上，众多胡姓人物彪炳史册，东汉时有任职6朝的重臣胡广；北魏有曾临朝称制的胡太后；宋代有教育家胡瑗、经学家胡安国；元代有史学家胡三省；明代有将领胡大海、丞相胡惟庸、文学家胡应麟；清代有地理学家胡渭、太平天国将领胡以晃；近现代有学者胡适、小说家胡也频、国民党右派首领胡汉民、国民党将领胡宗南。

胡氏堂号为澹安堂。

澹安堂出自南宋人胡诠。胡诠是宋高宗时进士，任枢密院编修官。在朝中，他是抗金派，坚决反对同金国侵略者议和。他不顾个人安危，直接向高宗上书，请求杀掉投降派头目王伦、秦桧。高宗忠奸不分，竟把胡诠贬到福州去做签判。投降派得势后，同金邦签订了丧权辱国的和约。王伦等进一步诬告胡诠，胡诠又再次被贬新州。他壮志难酬，禁不住怒火中烧，写下了《好事近》这首悲愤的词：

富贵本无心，何事故乡轻别？空使猿惊鹤怨，误薜箩风月。

囊锥刚要出头来，不道甚时节。欲驾巾车归去，有豺狼当辙。

这首词流传出去后，朝廷中的抗金派和广大群众十分赞赏，投降派却切齿痛恨，欲将胡诠置之死地而后快。这时，秦桧的私党张棣为迎合投降派的心理，便向朝廷诬告，说胡诠在词中所写的“豺狼当辙”是对皇上以及有功重臣的“谤讪”。高宗又一次听信谗言，把胡诠发配到更遥远、荒凉的海南岛充军。因胡诠所著《澹安集》十分有名，其后人遂以“澹安”为堂号。

河南省有周口市淮阳县的陈胡公墓；安徽省有宣州市绩溪县大坑口村的胡氏宗祠；安徽省有黄山市黟县的胡姓古村西递村；浙江省有杭州市的胡雪岩故居；台湾省有台北市南港区“中央研究院”院内的胡适纪念馆。

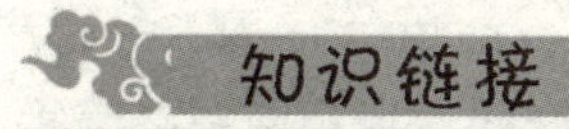

龙川胡氏宗祠

坐落在皖南绩溪县瀛州乡大坑口村东，距县城12公里，龙川是大坑口的古称。据《龙川胡氏宗谱》载：东晋散骑常侍胡焱镇守歙州时游观华阳镇龙川（即绩溪县华阳镇，当时隶属歙州），见这里“东耸龙峰，西峙鸡冠，南则天马奔腾而上，北则长溪蜿蜒而来”，山清水秀，风光旖旎，遂上书皇帝请求赐居，于咸康三年（337年）举家迁此定居。龙川胡氏宗祠始建于宋。明嘉靖年间，兵部尚书胡宗宪倡导捐资扩建。宗祠建立在高1米的台基上，前后三进，由照墙、门楼、廊庑、正厅、厢房、寝楼及特祭祠等几大部分组成为一个有机的整体，占地面积1700平方米。宗祠的门楼二进七开间，歇山式屋顶，通称五凤楼。龙川胡氏宗祠以其木雕艺术精湛、内容丰富、主题鲜明、画面生动而享有“木雕艺术殿堂”之美称。1988年1月，龙川胡氏宗祠被国务院公布为全国重点文物保护单位。

郭

中国姓氏的产生，有一种方式是以居住地为姓氏，如城、郭、西门、东闾之类。郭，意为外城，住在外城的人以居处为姓氏，产生了中国最早的郭姓。据资料记载，夏禹时的郭哀、商代的郭崇，是中国最早的郭姓人。但夏、商时期的郭姓已无世系可考。

郭姓的主源出于古虢国，是由“虢”字声转而形成。虢国是周朝分封的姬姓诸侯国，有东虢、西虢和北虢，其中，东虢、西虢都是周武王时所封，开国君主均为周文王的弟弟。东虢在今河南荥阳东北，是姬叔（亦称虢叔）的封地。公元前767年，周平王以郑武公护驾东迁有功，把虢地赏给了他。南方的楚国正欲向中原扩张，遂以平王无故赏郑为名，兴师问罪，一直打到洛邑附近。平王大恐，只好把虢叔的后裔姬序找来，封之于北虢（今河南陕县东南李家窑）。公元前655年，晋国假道于虞以伐虢，灭掉北虢。西虢在今陕西宝鸡东，是姬仲（亦称虢仲）的封地，后于公元前687年灭于秦。虢叔、虢仲的后代以国为氏，就是虢氏。古代“虢”、“郭”音同通用，后来虢氏便转郭氏。

春秋战国时期，郭氏除留居于今河南、陕西、山西省外，已播迁于山东、河北。至秦汉时，郭氏已有人徙居江南。汉代及其以后的较长时期内，太原一直是郭氏的发展繁衍中心。唐初与唐末，河南郭氏曾两次向福建迁徙。一是唐总章年间光州固始人郭淑翁及将佐郭益随陈政、陈元光父子入闽开辟漳州；一是郭嵩随王审知从弟王想入闽。宋室南迁，不少郭姓人跟随，居于江苏、浙江等地。台湾郭姓以台南最多，次为台北和嘉义，在台湾百家姓中名列第14位。

中国历史上，郭姓名人荟萃，春秋齐国有勇士郭最；战国燕有谋士郭隗；西汉有侠士郭解；三国有曹操谋士郭嘉；西晋有哲学家郭象；东晋有文学家郭璞；唐代有名将郭子仪；五代有代汉称帝建立后周的郭威；元代有著名科学家郭守敬；元末有农民起义首领郭子兴；清代有台

登封观星台

湾反荷兰殖民主义领袖郭怀一；近现代有文史大家郭沫若、诗人郭小川。

著名堂号有尊贤堂。战国时燕昭王招贤，郭隗对他说："你要招纳贤士，先从我开始。你对我当贤人尊重，比我贤的人就会找你来了。"于是昭王给他建了宫室，称黄金台，并把他当做老师来尊重。于是乐毅、邹衍、剧辛及其他有才能的人皆来归附燕国。燕国于是强大起来，还差点攻灭了齐国。

河南省有三门峡湖滨区会兴镇上村岭的虢国墓地、虢国博物馆，登封市告成镇的郭守敬观星台，辉县市太行山深处的郭亮村、郭亮洞；陕西省有礼泉县的郭子仪墓；四川省有内江市隆昌县的郭姓古山寨云顶寨，乐山市东沙湾场正街的郭沫若故居；北京市有积水潭边的汇通祠（郭守敬纪念馆），什刹海西岸前海西街的郭沫若故居；河北省有邢台市区西北的郭守敬纪念馆，丰宁县凤山镇石桥东的郭小川故居。

何

何姓传说起源于韩姓。

战国末年，秦始皇横扫六国，终于一统天下。韩国人不忘亡国之恨，多次企图刺杀秦始皇，可惜均没成功，正所谓打虎不成反伤身。秦始皇竟然不分青红皂白，对韩姓人家杀无赦。韩国百姓闻风而逃，有多远就逃多远，从陕西一直逃到江淮地带，而江淮方言韩与何谐音近似，于是这部分韩姓人便改姓何。另一支逃难韩姓人家碰上秦兵盘问，情急智生，指一指河水，秦兵以为他姓河，就放行了。

既然何姓源于韩姓，而韩姓又是西周姬姓王室后裔，那韩何先祖可以从周文王、后稷、帝喾一直追溯到人之初祖黄帝那里。但何姓各地分支子孙尊奉何人为自己太公呢？这当然由他们家族决定。

何姓从唐代进入福建，定居泉州、漳州一带。其中有一房过继给当地蓝家，所以与蓝姓人家亦有血缘关系。台湾便有韩、何、蓝联宗的。

中国何姓也有源于少数民族的。北方的吐谷浑氏中，在五代时就有人使用何姓。唐朝时"昭武九姓"小国中，何姓也是其中之一。

朱元璋登帝位后，亦曾赐吐蕃宣慰使姓何。何姓虽然源出多头，但何姓各族子孙绝不会拜错太公。比如安徽庐江人何旦于唐朝末年进入福建担任宁化县尹，子孙后来向广东发展，分布在翁源、蕉岭、大埔、梅县等地，何旦

便被众多广东何姓人家奉为始祖。跟随开漳圣王陈元光入福建的何嗣韩，被朝廷封为安抚节度使，福建何姓人家尊奉他为始祖。何姓子孙于明清两代陆续进入台湾，现已成为台湾30个大姓之一。

郑成功的父亲郑芝龙有个部下何斌，利用替荷兰人当翻译的机会，绘制成台湾海域海图。郑成功有这幅海图，行兵布阵自然得心应手。所以何斌为郑成功赶走荷兰侵略者收复台湾立下了奇功。

东汉经学家何休，是汉代大儒董仲舒四传弟子，一生钻研六经，以17个春秋岁月完成《春秋公羊解诂》一书，被后世称为“何氏学”。他平时寡言少语，而且不愿意做官，但想不到飞来横祸，受到党锢株连。

南朝何承天博学多才，计算出“冬至”的准确时日，修改了《元嘉历》。何承天的曾孙何逊，写诗与谢朓齐名。何逊、何郎、何思澄当时被誉为“东海三何”。

元代著名画家何澄，被朝廷招入内宫，直接在皇太后领导下绘图。清代书法家何绍基，精经史、小学、律算，书法堪称一绝。

何姓人家人才辈出，当然会撰成对联激励子孙。

家传三桂，学贯六经。

上联说的是宋代何造子和孙子何修辅，曾孙何恪非皆中进士，下联是写东汉何休精通六经。

水部梅青，中丞山峻。

上联说的是何逊独爱梅花，下联说的是宋代御史中丞何睿为人刚直。

何姓的郡望有庐江、东海、陈郡、丹阳、齐郡，堂号为“三桂堂”。

高

高姓起源地，是春秋时的齐国，也就是现在的山东省，高姓始祖，就是姜太公。

姜太公80岁时遇文王，后来姜子牙受封于齐，他的子子孙孙有做国王的，也有做将军的。其中有个后裔叫高傒的有几分本事，曾经帮管仲一块辅助齐桓公“九和诸侯一匡天下”。这个高傒因为祖父受封于高邑，人称公子高，索性就以高为姓。200年后齐惠公有个儿子叫阿祁，字子高，他的后代亦以高为姓。但不管高傒也好，阿祁也好，都是姜子牙之后，由此可见姜太公理所当然是高姓老祖宗。

另外有一种传说，说轩辕黄帝手下有位大臣叫高元，是专门负责建屋的。但他有没有儿子，姓甚名谁都没史料记载。

唐朝初年陈元光率兵开发漳州，有高姓将领跟随入闽，到明朝两代福建高姓人家有人渡海到台湾开枝散叶。台北高氏大宗祠已有150年历史，原是学海书院，本来是清朝大臣巡视台湾时住宿用的，后来被高氏家族收购改为宗祠。

明末东林党领袖高攀龙，史册留名，65岁时遭魏忠贤一伙陷害，愤而投水自尽。

清代画家高凤翰蒙冤入狱，右臂被打残，毅然以左手学画画，终于成功，其画较之以前用右手画的画更添豪放、自然气势。

康熙、雍正年间画家高其佩，独树一帜以手指作画，几百年来后学者不乏其人。

清代扬州八怪之一画家高翔，用笔简练，自成一格。

清代文学家，乾隆进士高鹗，为散失的《红楼梦》补写后40回。尽管学术界有不同评价，但其文学造诣却是有目共睹。荆轲刺秦皇，在易水河边为他送行的是志士高渐离。高姓人家子孙也有贵为国王、皇帝的，比如建都鄂城的北齐，八代帝王都姓高。宋英宗皇后宋神宗生母高太后曾垂帘听政。

赵匡胤得力将领高怀德南征北战，战功屡屡。

东汉时期高姓人家出了位渤海太守，虽然没有高怀德出名，但是富贵在前，所以高姓人家就拿来做堂号叫做渤海堂。

高姓人家对联一般有：

技工剪马，兆应射雕。

上联言北齐高洋驯马有术，下联言唐代高骈射箭无双。

表鸿渐之仪，隐豹变之雾。

上联言东汉高彪不断进取，下联言东汉高凤勤学好读。

知识链接

梁姓的来历

陕西韩城县南边有座少梁城，是古梁国的遗址，那里就是梁姓的发源地。第一个姓梁的人叫做阿康，是周朝的功臣秦仲的小儿子。一子受皇恩，全家食天禄，父亲有功，阿康也沾到边，被封在夏阳梁山做伯爵。风水轮流转，到春秋时期，康伯爵的封地为秦国吞并，其子孙改姓梁，用以缅怀祖宗的风光史！

另有一说是周平王的儿子阿唐，受封在南梁，即现在的甘肃，他才是梁姓始祖，并且成为当地望族，古称安定乌氏。更有一说指战国时的毕莹即魏惠王才是梁姓始祖，因为他将国都迁到大梁（现河南开封），自称梁惠王。所谓“梁园虽好，并非久留之地”的梁园，就在开封。梁国被灭亡后，毕莹后人以故国国名为姓。

梁启超

郑

郑姓来源于春秋郑国国君郑桓公姬友。他是周宣王弟弟，西周分封的最后一个诸侯。郑国大致在如今河南新郑、荥阳、开封一带。所以郑姓人家的大门常常可以见到“荥阳”堂号，或者“荥水衍派”之类的对联，以示发源之地。所以郑姓郡望也就包括荥阳、郑州、新郑、开封等。郑姓源出河南，后来分散到山东、山西、福建等地。

“天下郑姓出荥阳”，但实际上有一支郑姓却与郑桓公无关。这支郑姓源于南唐王室。写“春花秋月何时了，往事知多少”的南唐李后主，他有个儿

子叫李从镒，曾被封为郑王。李后主投降宋朝后，因为词里面有“雕栏玉砌应犹在，只是朱颜改”的句子，宋太祖说他想复辟便将他杀死。李从镒儿子害怕因为阿爷而受株连，不敢姓李，而以郑王的郑为姓，既避难又记住祖先曾为王的历史，也可谓一举两得。

东汉时期，山东诸城出了位经学家郑玄。他去世出殡时成千学生送殡，哭声震天，由此可知他生前的威望。

清朝书画家郑板桥，“难得糊涂”大字挂满当代神州，识字的挂，不识字的也挂，写字楼挂，客厅也挂，连云吞铺都挂。“难得糊涂”挂着容易，要学郑板桥的为人就难了。郑板桥做六品芝麻官时碰上灾年，他大胆开官仓派米，几乎被杀头，有几多人做得到啊？他被罢官后好感慨，画了幅竹子，题了几句诗：

衙斋卧听萧萧竹，疑是民间疾苦声。

些小吾曹州县吏，一枝一叶总关情。

抒发他“读书志在圣贤，为官心存君国”的情操。

明朝航海家郑和，本姓马名三宝。在明军攻打云南时被掳入宫做太监，从小跟随明成祖左右。明成祖宣扬国威，用62艘船组成庞大的船队，出使西洋，郑和被任命为钦差总兵太监，统率官兵2.7万人，七下西洋，跨越亚非两大洲，到过几十个国家与地区，成为中外经贸来往友好使者，比哥伦布的航行早了半个世纪。郑和最后一次出海归来已年过花甲，不久就病死在南京。郑和是受过宫刑的宦官，但长乐市却有人称是郑和之后，还有族谱说至今传到第19代，人数据说还有8万之多。

郑姓人家中最传奇的人物恐怕是澄海县人郑信了。郑信的父亲郑子彬，在清朝雍正年间由樟林古港去泰国谋生，当时恰逢缅甸军入侵暹罗，郑信和泰国人一起抗击，在战争中立下大功，由于军权在握，又加上名声显赫，深得泰国人支持，竟然加冕为国王，人称郑王，他的故乡现在还有他的衣冠冢和郑氏家庙。

广东是郑姓重要集居地之一。在潮阳市沙陇镇有一座三街六巷皇城式的建筑群，长宽均为112米，住的全是郑姓。据说是清朝一位富甲一方的航海及造船家郑毓宗建造的，城墙上能够跑马。

宋

宋姓始祖是商朝末年商纣王的同胞兄弟微子。微子劝纣王别太过荒淫无

道，纣王不听。微子气坏了，但却无能为力，索性去隐居，隐居之地即现在山东微山县。多行不义必自毙。纣王被周武王灭亡，周武王讲仁义，封纣王儿子武庚于宋，可是武庚随后作乱丧命。周公找到隐居的微子，微子被立为宋国君主。微子也算得是守得云开见月明了。微子做了国君后，隐居过的山就叫微山，那里的湖就叫微山湖。700 年后宋国被灭亡，宋国的人就改姓宋，并奉微子为宋姓始祖。

世代源流远，宗枝亦叶长。时至今日，当年发源于商丘的宋氏子孙，现在遍布全国甚至海外许多国家。宋氏子孙名人辈出，宋荦少年时入清宫陪太子读书，自己也成为一大学问家，康熙年间官至吏部尚书，其人缘极好，告老还乡之时，几百人到城门相送。

当然，说起人缘自然比不上宋朝的宋江了。宋江一介小吏，也没有一个开钱庄的父亲，但是为人豪爽，仗义疏财，哪个有难他都能及时救济，“及时雨”这个称号可不是自封的。当然，小说归小说，施耐庵如何妙笔生花我们可以不理，但历史上确实有个劫富济贫的宋江！那支起义军以宋江为首，36 个头领，率领几千人在梁山泊附近八百里江湖山上出没，官兵都无可奈何。但晚节没保，被招安了。宋江之后 800 年，山东又出了个农民起义领袖，就是配合太平天国反抗清朝统治的黑旗军首领宋景诗。

唐朝有个宋璟，人称“梅花宰相”，因为他正直的人格如梅花一样。唐朝有一段时期，朝风腐败，时兴“后门外交”，地方官吏上京报告工作，都会带地方名贵特产给顶头上司。宋璟上奏朝廷，极力抨击这种劣习弊端，杜绝后门，朝风一时大振。所谓伴君如伴虎，但宋璟有如吃了豹子胆一般。有一次，皇帝想为死去的父亲建一座豪华的墓陵，宋璟又上书劝阻，认为每个人包括皇上在内都应将奢侈看成是最大的坏习惯，生活节俭才是好的品德。宋璟的高洁连千年后的乾隆皇帝都十分佩服，希望自己的手下每个都是宋璟这样忠直的大臣，这是不是乾隆的真心话，就不得而知了，毕竟“忠言逆耳”啊！

宋姓子孙还出了个出名的科普作家——宋应星，毕生致力于科学研究，写成《天工开物》。天，指自然界；工，指人力；开，是开发；物，就是指物质财富。所谓天工开物就是讲人类怎样利用智慧去开发自然，利用自然创造物质财富。《天工开物》综合了农业、手工业、冶炼业、机械制造、生物学、化学等知识，简直就是一部百科全书。宋应星的成就不仅是宋姓人家的骄傲，还是整个中华民族的骄傲。要知道，过了几百年后才有大英百科全书。宋应星还首先察觉到物种是可变的，100 多年后法国的科学家拉马克才提出这一观点。还有声波的共振原理，食物链的形成等观点在当时极其先进。

孙中山的夫人宋庆龄，追随孙中山先生出生入死，致力于国民革命，时人称为“国母”。中华人民共和国成立后，任国家副主席。她高风亮节，堪为楷模。

其他宋氏名人还有很多，比如屈原的弟子宋玉、唐代诗人宋之问等等。

知识链接

罗姓的起源

罗字在甲骨文中，就好像一张拉开的捉雀儿的网。于是有学者提出，最早织网捉鸟儿的部落应该就叫罗部落，就是罗姓的来源。而罗部落应该是在候鸟迁徙必经之地生活的，大概在现在河南与湖北的交界处。

周朝曾设立过“大罗氏”官职，专门负责织网捕鸟的生产活动。但罗姓是否因此而得，史书没有记载。

湖南有座山峰叫祝融峰，传说祝融是罗姓人的始祖。但祝融是官职而不是人名，负责管火种。颛顼帝的两个儿子，都担任过祝融的职务。传说其中一个儿子吴回的玄孙穴熊做了荆楚国国君，以熊为姓，而罗姓又从熊姓衍生出来。

另有一说，说是周武王灭了商朝，将一个名叫匡正的功臣分封为安南王罗国公，罗子国由此成立。罗子国后来南迁到如今湖北境内的房县、襄阳，并在此形成罗姓的一支郡望。罗子国被楚灭亡后，罗国百姓向湖南汨罗江迁移，所以湖南人中罗姓特别多且集中。

传说归传说，在不少罗姓人的族谱中，却将罗珠奉为始祖。罗珠祖籍长沙，后来镇守九江，颇受刘邦赏识。刘邦死后，罗珠结草为庐，在住宅周围种满罗汉松、罗汉茶，表达自己“不忍忘汉”。罗珠生有18个儿子，其后裔遍布各地。至于罗珠先祖是谁？暂时没找到史料说明。但据说是罗子国先民。

江西南昌是罗姓主要郡望。所谓豫章五姓，罗、熊、章、雷、湛，罗姓第一。

乔

乔姓本为桥姓，而桥姓的产生又与黄帝的葬地有关。黄帝死后葬于何处，说法不一，大体有陕西、甘肃、河北、山东、河南5种说法，其中较早的记载是《史记·五帝本纪》所说的“黄帝崩，葬桥山”。桥山在今陕西黄陵县城北，有沮水穿山而过，山呈桥形，因以为名。上有黄帝冢，碑刻曰“古轩辕黄帝桥陵”，现为全国重点文物保护单位。相传黄帝的姬姓子孙有一部分在桥山守陵，以山命氏，称为桥氏。

东汉时有睢阳（今河南商丘县南）人桥玄，官至太尉，他的6世孙桥勤，在北魏任平原内史。北魏末年，孝武帝元修受丞相高欢之逼，西奔长安，依靠将领宇文泰，桥勤跟随入关中，居同州（今陕西大荔）。535年，宇文泰杀孝武帝，立元宝炬为帝，建立西魏，自任大丞相，专制朝政。桥勤之孙桥达，曾为宇文泰臣属，宇文泰命他去掉“桥”字的“木”帝，改姓乔，说是取乔字的“高远”之义，于是，桥氏从此改称乔氏。

从史书上看，十六国、南北朝以前有桥姓人物而无乔姓人物，以后则相反。桥姓人物主要出自今河南、山东、四川，其中，汉代梁国睢阳桥氏为名门望族。乔氏在宋代以前的主要分布于今陕西、湖南、山西、江苏等省，宋、元以后，今河南、湘江、云南、江西、山东、上海、河北、湖北及东北的一些地方均有乔氏的聚居点，清代以后有迁至海外者。

西汉有桥仁，受《礼》于戴圣，著有《礼记章句》49篇，成帝时为大鸿胪。唐代有乔琳，德宗时任宰相。南宋有大臣乔行简，理宗时官至右丞相，晚年至平章军国重事，封鲁国公。元代有散曲家、戏曲作家乔吉。明代有吏部尚书乔宇，刑部尚书乔允升。清代有以洁己奉公著称的湖广巡抚乔光烈。

贺

封建时代，人们在说话或写文章时，遇到皇帝或尊亲的名字，都不能直接说出或写出，叫做避讳。贺姓本为庆姓，就是因为避讳而改为贺姓，所以，谈贺姓必须先弄清庆姓起源。

“春秋五霸”中第一个霸主齐桓公，有个孙子叫庆克。庆克的独生子名封，以父亲的名字为姓氏，称庆封，从此始有庆姓。庆封在齐景公时任左相，

与右相崔杼有矛盾，于是乘崔杼家中发生内乱之机，设计尽灭崔氏，自任相国，独揽朝政，此后无所顾忌，把政事交给儿子庆舍处理，自己只管喝酒打猎，因而引起其他大臣不满。齐国的大族田、鲍、高、栾氏，经过密谋，乘庆封外出打猎之际，起兵攻杀庆氏。庆封返回途中闻讯后，先逃往鲁国，后又逃到吴国。吴王余祭把朱方（在今江苏丹徒县东南）赐给他，庆氏族人闻讯赶来相聚，因此庆氏比在齐国时还要富裕。东汉安帝时，为避安帝父亲刘庆的名讳，庆封的裔孙庆质（一云庆纯）以庆、贺二字义相近之故，改为贺氏。

贺姓还有一支形成于洛阳，北魏孝文帝将鲜卑族的复姓贺赖氏、贺兰氏改为贺氏。

由于战乱，官职调迁等原因，贺氏还分布于今青海、山西、河北、浙江及河南、山东的许多地方。其中，会稽（今湘江绍兴）贺氏和河南（今河南洛阳）贺氏族大人众，所以贺氏以会稽、河南为郡号；洛阳的贺氏多为鲜卑族。

西晋末年有左光禄大夫贺循，是支持司马睿（晋元帝）的江南士族领袖之一。北魏有关中大行台贺拔岳。隋朝有宋国公、右武侯大将军贺若弼。唐朝有诗人、书法家贺知章，以清淡风流为世人所颂慕。北宋有词人贺铸，以善于多种锤炼字句著称。明末有农民起义军将领贺一龙、贺锦。清代有文学家贺贻孙，有坚决查禁鸦片的地方官贺长龄，还有领导湖南邵阳人民反对帝国主义利用宗教进行侵略、竖起“大汉佑民灭洋军”旗帜的反侵略英雄贺金声。近代有中国人民解放军十大元帅之一贺龙。于此可见，贺氏在历史上不乏名人。

洪

上古时有个人叫共工，相传是炎帝神农氏的后代。《淮南子·天文训》说他“与颛顼争为帝，怒而触不周之山，天柱析，地维绝”，把顶天的柱子撞折，把系大地的大绳断，所以，“天倾西北”、“地陷东南”《书·尧典》注：“共工，水官名。”《史记·五帝本纪》则称共工是尧的臣子，试授工师之职，后与三苗等并称“四罪”，被流放幽陵，幽陵即幽州，在今河北北部及辽宁一带。共工的后代先是姓共，“后推本水德之绪”，在共字左边加水，成为洪姓。

洪姓还有一支源于共国。古代有两个共国，一个在今甘肃泾川县北，是

商末诸侯国，为周文王姬昌所灭，子孙以国为氏，姓共。一个在今河南辉县，是西周时共伯的封国，春秋时郑武公之子、郑庄公之弟叔段发动政变失败后逃到这里，不久，共国被卫国兼并。叔段的子孙先以国名为氏，称共氏，后因避仇，又改为洪氏。

洪氏早期主要在今河南、河北、辽宁一带发展繁衍，东汉时部分人徙居安徽，后有一支迁至江苏常州。唐代，河南洪氏有将佐随陈政、陈元光父子开辟漳州，留居福建；安徽洪氏有一支移居江西波阳。五代以后，由于任官、游学、避仇、避难等原因，洪氏播迁比较频繁，至清代，北方的甘肃、新疆，南方的浙江、湖南、湖北、广东、台湾等省，都有洪姓居民。

先秦至五代的漫长时期，见诸于史籍的洪姓人物寥寥无几，且知名度不高。从宋代开始，洪姓名人日益增多。南宋时著名的洪姓人物均出自波阳洪氏家族，其中，洪皓于高宗时出使全国，被扣10余年，坚贞不屈。洪皓长子洪适，官至宰相，为著名金石学家；次子洪遵，为钱币学家；三子洪迈，学识渊博，著述丰富，所撰《容斋随笔》五集，至今仍盛传不衰。清代有太平天国革命领袖洪秀全，戏曲作家洪升，经学家、文学家洪亮吉，史学家洪钧。近现代比较有影响的洪姓人物有洪容、洪业、洪琛、洪式闾、洪灵菲、洪诚等。

柳

宋人编写的《百家姓》将柳姓排在第60位，这说明柳姓在当时是个比较大的姓氏。那柳姓源于何时何地，又是怎样形成的呢？

西周初分封诸侯国中有个鲁国，是周武王之弟周公姬旦的封国。鲁国第13位君主鲁孝公叫姬称，他有个儿子叫夷伯展。夷伯展的孙子有个叫无骇的，以祖父的命氏，姓展。展无骇的儿子叫展禽，字季，在鲁僖公（公元前659年—前627年在位）时任士师（狱官，主察狱讼之事）。展禽为人正直，坚持正义，曾3次被罢官；同时以善于讲究贵族礼节著称。公元前634年，齐国进攻鲁国，他派人到齐国劝说退兵，避免了一场战乱，因此在鲁国很得民心。展禽的封邑在柳下（在今河南濮阳县东），故世称柳下季；又因其死后谥号为“惠”，史称柳下惠。柳下惠的子孙以祖辈的封邑为氏，就是柳氏。由此可知，柳姓形成于春秋时期，源于今濮阳。

柳氏早期主要是在今河南北部和山东西部一带发展繁衍。公元前256年，

鲁国为楚国所灭，柳氏族人有一批南迁至湖北、湖南，至秦始皇吞并六国后，又有一批人迁到山西。秦末，柳下惠的裔孙柳安始居河东解（今山西运城县解州镇），此后直到宋代以前，这里一直是柳氏的发展中心，柳姓名人大都出自河东。此外，柳氏在晋代有迁至陕西、四川、广西、河北者，在唐初有随陈政、陈元光父子进入福建者。唐代以后，柳氏盛于南方，分布相当广泛，安徽、江苏、浙江等省均有柳姓居民。

柳姓名人辈出，不绝于史。春秋时期，卫国有柳庄，被卫献公称为“社稷之臣”。春秋末有农民起义领袖柳下跖，曾率9000名起义军，横行天下；南朝梁有诗人柳恽，书法家柳僧习。唐代有文学家柳冕，主张文章必须阐发“六经”之道，为韩愈文论的先驱；文学家、哲学家柳宗元，为“唐宋八大家”之一；书法家柳公权，其书法称“柳体”，对历世影响很大。宋代有散文家柳开，著名词人柳永。清代有画家柳育、柳遇，经学家柳兴恩，医学家柳宝诒等。

殷

殷姓源于子姓，起自河南，是商朝王族后裔，始祖是商朝开国君主成汤，与汤姓同宗。

自成汤建立商王朝后，十传至盘庚，曾五次迁都；仲丁由亳迁嚣（今郑州），河亶甲由嚣迁相（今河南内黄东南）；祖乙迁于邢（即耿，在今河南温县东），南庚迁于奄（今山东曲阜），至盘庚时又迁都于殷（今河南安阳小屯村一带），“殷”即成为商朝的国号。此后历8代13王，273年没再迁都，所以，这个时代也称为殷朝、殷商或商殷。殷朝末代暴君帝辛（即殷纣王），在受到周武王率领的诸侯军讨伐时，大败于牧野，登鹿台自焚，殷商灭亡。亡国后的殷朝王族子孙，除微子启被周朝封于宋，以管理和主持对成汤的祭祀外，大都因没有受封而分散于各地，其中有的以原国号“殷”为姓氏，成为殷氏。

关于殷姓起源，还有一种说法，也出自河南。古人有人因居住在殷水边而以水名为姓氏，即《姓氏急就篇》所说的“殷水在颍川（今河南许昌一带），居之者以为氏。”

殷氏在秦末主要居于河内野王（今河南武陟、沁阳一带），汉初部分人迁汝南（今属河南），至汉朝北地太守殷续，又移居郡长平（今河南西华县东北），以此为中心，不断繁衍，发展成为一个较大的家族。此后，由于战乱、

自然灾害、官职调迁等原因，殷氏部分人南迁至今江苏、安徽、江西、四川、湘江、河北、云南、甘肃、山东、天津、广西、陕西、山西等省市的一些地方，至明末，几乎遍布全国。

殷氏是个历史悠久的姓氏，也是拥有人口较多的姓氏之一，在宋朝编写的《百家姓》中被排在第74位。殷姓名人，早期大多出自河南，南北朝以后才出现于其他地区。东晋有文学家殷仲文，擅文辞，其诗开始改变东晋玄言诗的风尚。南朝梁有文学家殷芸，陈有以事母至孝知名的殷不害。唐代有郧国公殷开山，书画家殷仲容，还有能使杜鹃在秋日开花的道人殷七七。明代有学者殷奎，画家殷善。清代有书画家殷云楼。

另外，山东北部人言殷，声如“衣”，由殷姓转音而派生出衣姓。

 褚

宋代的《百家姓》将褚姓排在第11位，即“赵钱孙李，周吴郑王，冯陈褚卫……”说明褚姓在当时是个比较显赫的姓氏。

褚家介绍的牌子

褚姓源于邑名和官名，形成于春秋时期。兴建于西周初期的宋国，第25位君是宋共公瑕（公元前588年—前576年在位），他的儿子公子段，字子石，食采于褚（今河南洛阳市东），其德可师，号曰“褚师”。公子段的儿子公孙肥，以采邑为氏，就是褚氏。后来，凡居住在褚地一带的人都姓褚，进一步扩大了褚姓的人口。

“褚师”又是古代的官名，据说这种官都穿红色衣服，主管集市贸易。他们的子孙，有的以官为氏，复姓褚师，后省去“师”字，就是褚氏。春秋时，宋、郑、卫等国都没有褚姓之官，而这三

国分别建都于河南商丘、新郑、淇县，因此，“以官为氏”的褚氏，也出自今河南。

秦、汉时期，褚氏有迁至今浙江、山东、江苏等省者，但颍川阳翟（今河南禹州市）则是其发展繁衍中心。西汉至南朝的数百年间，许多褚姓名人都出自阳翟。例如，西汉史学家褚少孙，颍川（今河南禹州市）人，元帝、成帝时博士，曾补过司马迁的《史记》；东晋征北大将军褚裒，南朝齐尚书令、南康郡公褚渊，也都是阳翟人。褚裒之女为康帝皇后，褚裒之孙褚爽的女儿为恭帝皇后；褚渊，美仪貌，为宋文帝的女婿。由于阳翟褚氏贵为皇亲国戚，所以兴盛于东晋、南朝，在江南有较大发展。其中著名的是钱塘（今浙江杭州）褚氏。隋唐以后，褚氏有部分人南迁至福建、广东，还有一些人北迁至今河北、山西、陕西及东北的一些地方，至清代，分布已相当广泛。

褚姓最著名的历史人物是唐朝大臣、书法家褚遂良。他博涉文史，工书法，尤精楷隶书；太宗时累官中书令，高守时任尚书右仆射，封河南郡公，世称“褚河南”；他的书法丰艳流畅，变化多姿，对后世影响很大，此外，唐代还有学者褚亮、褚无量，清代有天文历算学家褚寅亮。

卫

卫姓的血缘始祖是卫康叔，是采用国名作姓氏的，在《百家姓》中排名第12位。

卫康叔姓姬，名封，是周武王姬发的同母少弟，西周初被封于康（今河南禹州市西北），称康叔。当时，周武王将商朝旧都封给殷纣王的儿子武庚禄父，让他管理殷商遗民；又以殷都以东为卫，派弟弟管叔鲜监之；殷都以西为庸，派弟弟蔡叔度监之；殷都以北为邶，派弟弟霍叔处监之，总称“三监”。武王死后，其子成王姬诵继位，因年幼，由武王之弟周公姬旦摄政。管叔、蔡叔对此不满，散布流言说周公想窃取王位。武庚乘机和管、蔡串通起来，并联合东夷中的徐、奄等方国部落，发动了攻周的战争。周公毅然调动大军东征，历时三年，取得胜利，杀武庚和管叙，流放蔡叔，然后把康叔徙封在原商王所在的地方，建立卫国。此后，康叔称卫康叔。卫国初建都朝歌（今河观淇县）、后又迁都楚丘（今河南滑县）、帝丘（今河南濮阳），公元前254年为魏所灭，后在秦国支持下复国，迁到野王（今河南沁阳），为秦的附

庸，公元前209年为秦所灭。亡国后的卫国王族子孙，以原国名为姓氏，就是卫氏。

秦末有延津人卫满，避难迁至朝鲜。西汉景帝丞相卫绾，世居代之大陵（今山西文水），其裔孙卫皓，东汉明帝时死于山西夏县，子孙在此繁衍为大族，后有一支迁到江苏，一支迁至陕西。此外，卫氏在汉代有迁入山东、河北者，三国时有迁入四川者，五代以后又有人徙居今上海、浙江、广东、安徽等省市，至清代分布已相当广泛。

西汉时最显贵的卫姓人物是卫子夫、卫青姐弟。卫子夫被汉武帝立为皇后。卫青官至大将军，封长平侯，和他的外甥霍去病曾多次打败匈奴主力，收复失地，战功卓著。东汉有学者卫宏。西汉以后，卫氏族人缨相继，文凯及其子卫颧，孙卫恒、卫宇、卫庭，曾孙卫璪、卫玠都是著名书法家。卫恒从女耳铄，人称“卫夫人”，是“书圣”王羲之的老师。画家有西晋卫协，唐代卫芊、卫宪等。

庄

庄姓在《百家姓》中排名第323位，当今是人口较多的姓氏之一，在南方人中较为常见。

庄姓形成于春秋时期，来源有三：一为宋庄公的后代，一为鲁庄公的后代，一为楚庄王的后代，都是以祖辈谥号作为姓氏的。

宋国是由殷纣王的哥哥微子启建立的诸侯国，为子姓，都城在今河南商丘南。宋国第16位国君名冯，是宋穆公的儿子，公元前710年—前692年在位，死后谥号为“庄”，史称宋庄公。宋庄公的孙辈中，有的以祖父的谥号为姓氏，就是庄氏。鲁国是周公姬旦的封国，都城在今山东曲阜。鲁庄公名同，公元前693年—前662年在位。楚国是古帝颛顼玄孙陆终第六子季连的后代，为芈姓；楚庄王名侣，是楚穆王的儿子，公元前613年—前591年在位，曾为春秋时的霸主，都城在郢（今湖北江陵西北纪南城）。

先秦时期，庄氏除在其起源地发展外，有部分人迁至今浙江及云、贵、川等地。公元前279年左右，楚国大将庄乔率军通过黔中向西南进攻，越过且兰、夜郎，直到今云南滇池附近，在滇称王，号庄王。战国时庄道（今四川荥经县一带）有岷山庄王，也是庄姓。秦、汉时，庄氏都望为天水（今甘肃天水一带）、会稽（今浙西地区）、东海（在今山东南部）。东汉时因避明

帝刘庄的名讳，庄氏改为严氏，直到魏、晋时才有部分人恢复本姓。唐代，固始（今属河南）庄氏曾两次向福建迁徙：一次是唐初随陈政、陈元光父子入闽，一次是唐末人庄森随王潮、王审知入闽。庄森子孙繁盛，分布于福建、广东的许多地方，从明末清初开始，陆续有人迁往台湾，进而又有移居海外者。

清朝顺治、康熙时，浙江湖州人庄廷鑨因召集学人编辑《明书》而遭文字狱，牵连而死者达70余人。这是庄氏家族史上一起极其不幸的事件。

古代有突出贡献的庄姓人物是战国时哲学家庄子。庄子名周，宋国蒙（今河南商丘县东北）人，他继承和发展了老子“道法自然”的观点，著有《庄子》一书。

简

简姓来源有三：一支出自今河南洛阳，是东周初大夫简师父的后代；二是春秋时晋国大夫狐鞫居，其祖先是晋国始祖唐叔虞的支裔，世为晋卿，他的封邑在续（在今山西省境内），死后谥”简”，世称续简伯，其子孙以其谥号为姓氏，就是简氏；二是春秋时鲁国（都今山东曲阜）有简叔，东汉句章尉检其明，因避讳而改姓简；三国蜀汉有简雍，据说本姓耿，音讹而为简姓。

《姓氏考略》说简氏“望出范阳、涿郡”。“望”指郡望，意思是简氏较长时期居住在这些郡，家族较大，人才辈出，为当地所仰望。范阳郡系唐天宝元年（742年）改幽州置，治所在蓟县（今北京城西南），涿的治所在今河北涿县。也就是说，简氏曾在北京蓟县、河北涿县一带成为名门大族。据《简氏族谱》记载，范阳、涿郡的简氏，系春秋时期从洛阳迁至此地，是简师父的后代。东汉末，简雍自涿郡随刘备入川，官至昭德将军，定居于成都以东牛赖西南，子孙繁盛，发展成为大族。据说牛县一带因简姓人多，又因境内有简池，所以，隋仁寿三年（603年），分益、资二州，置简州，即今四川简阳县。唐宪宗时，简雍后裔简熙，因避乱，举家迁至江西，其后代有一支徙居南海（今广东广州）。北宋太宗时，简庆远任袁州（治今江西宜春）太守，其孙简韶徙居新喻（今江西新余），此后分衍各地，除在江西境内发展外，还有迁入广东、广西、福建、湖南等省者。大约自清代开始，闽、粤简氏陆续有人到海外谋生，侨居于新加坡等国家。

五代十国时南汉有南海人简文会，在南汉初开的进士科考取第一，累官

尚书右丞。宋代有简正理，历任永兴、桃源、新野令，居官廉洁，以儒求整饬吏治，颇有政绩；还有贺州知州简世杰。明代有兵部郎中简芳，平凉知府简仁瑞。清代有知广西右江道简上，衢州镇总兵简敬临。由此可见，简姓不乏名人。

任

任（妊）姓是一个古老的姓氏，源于太昊伏羲氏和黄帝轩辕氏时期。

任姓是太昊伏羲氏的后裔，直至春秋时期，在山东仍保留着太昊伏羲氏后裔的部落方国任国，在继续太昊伏羲氏的祭祀。至太昊伏羲氏以降，任姓在远古史上一直存在，源源不绝于世。

至黄帝轩辕氏时代，黄帝时代其25子，12人得姓，其中一者姓任，这不仅是得姓，实际是被封到了一个部落方国，称“任国”。这个“任”姓之“任”，不是黄帝的发明，而是伏羲时代任姓的传承。

周代的任姓也有传承。据《康熙字典》记载：“太任，文王之母。”又据《汉书》的《班婕妤传》上，也有赞美太任之辞说：“美皇英之女虞兮，荣任姒之母周。”周文王的母亲太任之为上古任氏之女，周代的任姓不是周代的发明，而是伏羲时代任姓的继续。

所以，周代有任国（今山东济宁东南），为风姓之国，实太昊氏（即太昊伏羲氏）之后，“任、宿、须句、颛臾”四国，春秋时还存在，奉祀太昊伏羲。任国的都任城（在今山东省济宁一带），在战国时灭亡，任国灭亡了，其后继伏羲任为氏。

春秋战国时，魏国（都今山西夏县）有任座，秦国有任鄙，他们都是禺阳的后代，楚国有任不齐。可见在先秦时期，任姓已播迁于今湖北、山西、陕西等境。《史记·南越列传》载，秦始皇时置南海郡，治所在番禺县（今广东广州市），有南海尉任嚣，所以秦代已有任氏徙居今广东。

现今任姓主要分布于山东、湖北、山西、陕西、四川、河南、江苏、广东、浙江、安徽、福建、台湾等地。瑶、回、满、蒙、土家、羌、水、哈尼等族均有任姓。

任姓堂号为：

水薤堂。东汉时，任棠有奇节，不肯做官，隐居教授。太守廖参去拜访他，他一言不发，只拔了一棵薤，端了一杯清水放在桌上，自己抱孙坐在门

下。太守明白了他的意思："一杯水是要我为官清如水；拔一棵大薤，是告诉我要为百姓办好事，必须拔除财大势粗的土豪劣绅；抱着幼孙当户，是要我留心照抚孤儿。"

此外还有任城堂、玉知堂、叙伦堂、吏部堂、乐安堂等。

鲍

鲍姓，系出中国人祖伏羲氏，出自风姓。伏羲氏创网罟、画八卦、制嫁娶、正姓氏、以龙纪官，因之被称为中国人祖。伏羲氏以充庖厨，又称庖牺氏，庖牺即始人类熟食牺牲。古音庖、鲍、包同音相通相假，据《路史》载"包羲氏后有包氏"鲍姓应出于伏羲风姓。历炎黄，至大禹乃有鲍氏，是夏禹之后，当然也是伏羲之后。春秋时称鲍地，山东省丙城县一带，是东夷族活动的主要区域。

夏禹时，其裔孙敬叔之子，是春秋时齐国大夫。其父敬叔被封于鲍，叔牙开始以封邑为氏，称鲍叔牙。叔牙少时与管仲友善，管仲家贫母老，他常给以资助，遂成莫逆之交。襄公乱政时，管仲随公子纠奔鲁，他随公子小白出奔莒。及襄公被杀，小白得内援回国，被立为齐君，拟任他为上卿。他力劝桓公将囚拘的管仲开释，使之代己位，而以身下之。管鲍之交，为世传美谈。鲍叔牙为其得姓始祖。

满族属远古伏羲后裔之北狄，诸如巴雅拉氏、拜察氏等，其词头音与鲍同音相假，亦为鲍氏。所以鲍姓出自庖牺氏，即伏羲氏。伏羲氏是中华民族之根，姓氏的创姓始祖，说明鲍姓是中国一个古老的姓氏之一。

鲍姓郡望分布如下：

东海郡：鲍敬叔，鲍叔牙的后代。秦汉东海郡，治郯（今山东郯城北），秦汉之际曾称郯郡。东晋移置于海虞县（今江苏常熟）北境，旋移京口（今镇江）。南朝齐移治涟口（今江苏涟水）。隋唐以海州为东海郡，治朐山（今连云港西南海州镇）。

泰山郡：鲍敬叔，鲍叔牙的后代。西汉始置，治所在博（故城在今山东泰安东南）。

清懿堂

汉有博县，唐为干封县，宋改干封为奉符，即今泰安。金置泰安军，改州。清雍正时有泰安府，东平、肥城等县均属此府。民国废府。

上党郡：韩始置。西汉移治长子（今山西长子西南），东汉移壶关（今山西长治北）。隋唐上党郡即潞州，治上党，即今长治市。

河南郡：汉置，即秦三川郡地，治雒阳（今河南洛阳东北）。隋有豫州河南郡，唐为洛州河南府，辖境都远小于汉河南郡。元为路，明为府。

鲍姓今主要分布河北、河南、山东、江苏、陕西、湖北、四川、安徽、浙江、广东、福建、广西、河北、青海、台湾等地。

鲍姓堂号为：刚毅堂、清河堂、孝肃堂，皆缘于包拯命名。宋时包拯，龙图阁大学士，知开封府，迁右司郎中，是著名的清官。他立朝刚毅，贵戚宦官无不敛手，男女老少皆知其名。死后谥号孝肃。

此外还有清懿堂：

为祭祀鲍氏历代烈女贞妇而建，是中国少有的“女祠”。

此外还分布于上党、东海、河南、泰山、清望、亦政、舞鹤、道腴、夷白、敦睦、敦本、报本、世孝、伦叙、正始、五思、一本、着存等地。

知识链接

桐叶封弟

周成王即位时年纪尚小，有一次，他与弟弟叔虞做游戏，手中拿了一片桐叶，削成圭（圭是古代诸侯朝见天子时手持的一种玉制的礼器）的样子交给弟弟说：“叔虞呀，我现在要封你为诸侯！”这时，史官尹佚正好站在二人旁边，听见成王的话后，立即伏身叩首，请求成王选择良辰吉日举行正式分封仪式，并要立刻记录下此事。其实，成王本无此意，只是随便说说，开个玩笑而已，不料尹佚竟然认真起来，成王便急忙辩解说：“我刚才只不过和弟弟在开玩笑呀，你千万不要当真。”尹佚听后却表情严肃地说：“我听说天子素来没有戏言，您怎么可以说话不算话呢？”周成王无奈，只好按照礼制分封弟弟叔虞为唐侯。

唐

唐姓是一个古老的姓氏，源出帝尧陶唐氏。相传是黄帝轩辕氏的玄孙，是帝尧的后裔。尧原姓祁，也叫伊祁，名放勋，尧只是他的谥号。最初被封于陶，后来迁于唐（今山西翼城西），成为"天子"以后，开始以"唐"为号。因此被称作陶唐氏，或者叫唐尧。尧死后禅位给舜，舜封尧的儿子丹朱为唐侯（今河北省唐县），建立了唐国。到周武王时，唐侯作乱被成王所灭，唐国之地就被改封唐侯后人杜伯（把唐公及其后人迁于杜城，降爵为伯），称为唐杜氏。唐杜氏的后裔有以国为氏者，此为陕西唐姓。

另外唐叔虞的子孙也以国为氏，后来就姓了唐。同时周昭王时，曾封丹朱之后在鲁县为唐侯，被楚灭后，其子孙也姓唐。春秋时，又有一支姬姓唐诸侯国，被楚昭王灭后，其后人也称为唐氏。各支唐氏，根均源自帝尧陶唐氏。

唐姓郡望有以下几个：

山西晋阳郡：晋永和中置郡，治所在长乐（今陕西石泉县）。此支唐氏，其开基始祖为十六国前凉凌江将军唐郓。

山东北海郡：汉时分齐郡置郡，治所在营陵（今山东昌乐东南）。

山东鲁国郡：西汉初改薛郡置鲁国，治所在鲁县（今山东曲阜）。晋改为郡。

早期的唐氏，主要分布于晋阳、北海、鲁国、沛国、番阳、城固、东平、平阳、桂阳、丹阳、南昌、晋昌、泉陵、凉州、富阳、钱塘、潮阳、大浦、固始、梅州等地。

唐姓如今主要分布于陕西、山西、河南、山东、湖北、江苏、江西、四川、广东、安徽、浙江、山西、湖北、浙江、福建、广东、广西、湖南、贵州、台湾等地。

在少数民族中，回、满、彝、苗、瑶、蒙古、东乡、土家等，均有唐姓。唐姓堂号有以下几个：

移风堂：汉朝时候，唐汛为萧县令，爱民如子，先教后罚，在官 9 年，连地方的坏风俗都转变了，全县 3 年都没有打官司的。邻县沛县发生蝗灾，蝗虫到了萧界，不入萧境。皇帝封唐汛为梁相。

晋昌堂：唐姓在晋昌最为旺盛，晋昌郡在甘肃省嘉峪关市安西县。唐姓

以此为堂号。

另外还有晋阳堂、北海堂、思本堂、忠恕堂、敦睦堂、梧桐堂、梧封堂等。

知识链接

才气横溢的唐伯虎

唐寅（1470—1523年），字伯虎，一字子畏，号六如居士、桃花庵主、逃禅仙吏等。苏州人。诗书画俱佳，与祝允明、文征明、徐祯卿并称“江南四大才子”。其《叹世》诗云：

坐对黄花举一殇，醒时还忆醉时狂。丹砂岂是千年药，白日难消两鬓霜。身后碑铭徒自好，眼前傀儡任他忙。追思浮生真成梦，到底终须有散场。

图片授权

全景网

壹图网

中华图片库

林静文化摄影部

敬　启

本书图片的编选，参阅了一些网站和公共图库。由于联系上的困难，我们与部分入选图片的作者未能取得联系，谨致深深的歉意。敬请图片原作者见到本书后，及时与我们联系，以便我们按国家有关规定支付稿酬并赠送样书。

联系邮箱：932389463@ qq. com

参考书目

1. 姬传东．古往今来话中国——中国姓氏文化．合肥：安徽师范大学出版社．2012
2. 关永礼．中华文化丛书——中国姓氏文化．南昌：百花洲文艺出版社．2012
3. 上官言灵．中国红：中国姓氏．合肥：黄山书社．2012
4. 吴波．姓氏中的趣味故事．北京：中国戏剧出版社．2012
5. 杜若甫．中国少数民族姓氏．北京：民族出版社．2011
6. 袁义达，邱家儒．中国姓氏大辞典．南昌：江西人民出版社．2010
7. 籍秀琴．历史文化丛书：姓氏 名字 称谓．郑州：大象出版社．2009
8. 陈倩．中国人最常见的 100 种姓氏．武汉：武汉出版社．2009
9. 李吉，王岳红．中国姓氏．北京：中国社会出版社．2008
10. 陈建魁．中国姓氏文化．郑州：中原农民出版社．2008
11. 陈树三，郭宴春．中国姓氏起源探讨——从无姓氏到有姓氏．上海：上海三联书店．2007
12. 李吉，王岳红．民俗文化——中国姓氏．北京：中国社会出版社．2006
13. 《中国姓氏寻根游》编辑部．中国姓氏寻根游——读行天下．西安：陕西师范大学出版社．2005
14. 罗晓帆．中国姓氏．合肥：安徽教育出版社．2002
15. 赵艳霞．中国早期姓氏制度研究．天津：天津古籍出版社．1996

中国传统风俗文化丛书

一、古代人物系列（9 本）

1. 中国古代乞丐
2. 中国古代道士
3. 中国古代名帝
4. 中国古代名将
5. 中国古代名相
6. 中国古代文人
7. 中国古代高僧
8. 中国古代太监
9. 中国古代侠士

二、古代民俗系列（8 本）

1. 中国古代民俗
2. 中国古代玩具
3. 中国古代服饰
4. 中国古代丧葬
5. 中国古代节日
6. 中国古代面具
7. 中国古代祭祀
8. 中国古代剪纸

三、古代收藏系列（16 本）

1. 中国古代金银器
2. 中国古代漆器
3. 中国古代藏书
4. 中国古代石雕
5. 中国古代雕刻
6. 中国古代书法
7. 中国古代木雕
8. 中国古代玉器
9. 中国古代青铜器
10. 中国古代瓷器
11. 中国古代钱币
12. 中国古代酒具
13. 中国古代家具
14. 中国古代陶器
15. 中国古代年画
16. 中国古代砖雕

四、古代建筑系列（12 本）

1. 中国古代建筑
2. 中国古代城墙
3. 中国古代陵墓
4. 中国古代砖瓦
5. 中国古代桥梁
6. 中国古塔
7. 中国古镇
8. 中国古代楼阁
9. 中国古都
10. 中国古代长城
11. 中国古代宫殿
12. 中国古代寺庙

五、古代科学技术系列（14 本）

1. 中国古代科技
2. 中国古代农业
3. 中国古代水利
4. 中国古代医学
5. 中国古代版画
6. 中国古代养殖
7. 中国古代船舶
8. 中国古代兵器
9. 中国古代纺织与印染
10. 中国古代农具
11. 中国古代园艺
12. 中国古代天文历法
13. 中国古代印刷
14. 中国古代地理

六、古代政治经济制度系列（13 本）

1. 中国古代经济
2. 中国古代科举
3. 中国古代邮驿
4. 中国古代赋税
5. 中国古代关隘
6. 中国古代交通
7. 中国古代商号
8. 中国古代官制
9. 中国古代航海
10. 中国古代贸易
11. 中国古代军队
12. 中国古代法律
13. 中国古代战争

七、古代文化系列（17 本）

1. 中国古代婚姻
2. 中国古代武术
3. 中国古代城市
4. 中国古代教育
5. 中国古代家训
6. 中国古代书院
7. 中国古代典籍
8. 中国古代石窟
9. 中国古代战场
10. 中国古代礼仪
11. 中国古村落
12. 中国古代体育
13. 中国古代姓氏
14. 中国古代文房四宝
15. 中国古代饮食
16. 中国古代娱乐
17. 中国古代兵书

八、古代艺术系列（11 本）

1. 中国古代艺术
2. 中国古代戏曲
3. 中国古代绘画
4. 中国古代音乐
5. 中国古代文学
6. 中国古代乐器
7. 中国古代刺绣
8. 中国古代碑刻
9. 中国古代舞蹈
10. 中国古代篆刻
11. 中国古代杂技